巣立っていく君へ

母から息子への50の手紙

letter to you
覚えていて
ほしいこと
今、贈るね

Aki Wakamatsu
若松 亜紀

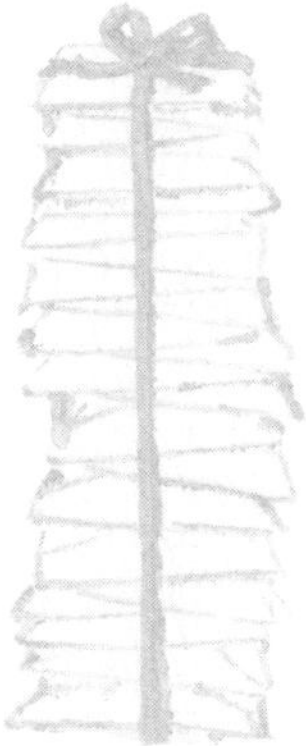

青春出版社

はじめに

♪おまえを外に
はなす前に
言っておきたい
ことが～ある

息子の君《きみ》が家を出ると決まってから、母ちゃんの頭の中でこの替え歌が延々リピートしました。
さだまさしさんの『関白宣言』です。

さださんは、もらう「嫁」に向けて歌いました。
「俺より先に　寝てはいけない
俺より後に　起きてもいけない」

子どもだった母ちゃんは思いました。
「勝手だなっ」

時を経た今、巣立っていく君に言っておきたいことがありました。
「靴下丸めて　ポイしちゃいけない
炭酸ばっかり　飲んでもいけない」
ほかにも「尊敬できる友を持て」だの「先に死ぬな」だのてんこ盛り盛りです。
勝手でしょ。

18年間一緒にいたんだから、どこかで伝えられたはずです。けれど、
そのうちにと思っていたら、反抗期になり、聞く耳を持たなくなりました。
そのうちにと思っていたら、スマホばっかかで居間から姿を消しました。
そのうちにと思っているうち、とうとう独り立ちのときを迎えました。

あれ？　結局あれもこれも話してないじゃん、自分。それに気づき「言えない

なら、いっちょ書くか」とペンを執《と》ったのがこの本です。息子・ダイに向けてはいますが、きっとあなたも母として共感できる部分があるはずです。

お子さんが小さい方は、「今のうちにこんなことを話せばいいのね」とご参考に。反抗期突入なら、「機嫌のいいとき、しゃべってみよう」と引き出しのストックに。

「まさしく今が旅立ち」または「もう出た！」という方は、こそっと荷物に忍ばせては？「せんべつ」とでも書いた袋に入れときゃ開けるでしょう。

「うるせぇ」だの、

「くそばばあ」だの言われ、

「そうだよ、じじいじゃないよ」と応戦したね。

だけど母ちゃん、ちゃーんと知ってるんだ。君は優しい子だって。

5歳の頃だったかな。母ちゃんがソファでうたた寝していると、君は横で何やらがさごそ。起こさないよう、そーっと上から何かかけてくれました。

「……え？　嬉しい。なんだろう」

薄目を開けて見るとそれは……、
芋焼酎の段ボール。

気づいてた？　あのとき母ちゃん吹き出すとこでさ、太ももぎゅ～っとつねってたんだ。

ノン（ふたつ上の姉ちゃん）にパンチして泣かせた子に、3発お返ししたこと。

病気で車いすになった友だちのため、保健室で一緒に給食を食べていたこと。

そんな君が母ちゃんは、最高に誇らしかった！

どんなにアクタイついたって、母ちゃんの中で君はず～っとあのままです。
母ちゃんからの子離れ宣言　＆　君の未来によりそエール
ブーケみたいにトスするよ、
アタックせずに受け取って！

若松亜紀

『巣立っていく君へ　母から息子への50の手紙』目次

第二章 ごきげん主義！

第三章 コミュ王になれ 75

第四章

世の半分は女子だから 125

カバー&本文イラスト……玉村幸子
本文デザイン……浦郷和美
DTP……森の印刷屋
編集協力……NPO法人 企画のたまご屋さん

第一章

前を向いて歩こう

いざ、旅立ちのとき！
夢を前進させたいなら

「しないこと」より「すること」

英語がペラペラになりたい。
やせてきれいになりたい。
お金持ちになりたい。
生きていると、いろんな欲求が芽生えます。「夢」とも言い換えられます。
欲を持つのはすばらしいことです。君も自分が成長できるものをどんどん持ってください。なぜならそれは、命のガソリンになるからです。
歌好きが高じてアイドルになった少女も、
魚博士になり、絶滅と言われたクニマスを発見したさかなクンも、
世界最高齢でエベレスト登頂に成功した三浦雄一郎さんも、
スタートはみんな「欲」です。
君もたくさんの「したい」を見つけ、好奇心いっぱいに生きてください。

さて、それを叶える、よい方法があります。
それには、「しないこと」より「すること」を決めるんです。
すると何をしたらいいか、はっきりします。

秋田の小学校で「クマ対策講習会」がありました。人里まで下りてくるクマが増え、登下校の子どもたちもバッタリ出くわすかもしれないからです。

講師は猟友会のおじさんです。

「死んだふりはいけません。死にます」で笑いを取ったおじさん。気を良くしたのか流れるように話します。

「鈴もそれほど効果はねえ。背中を見せて逃げてもいけねえ」

いろいろ教えてくれるのですが、子どもたちは困り顔。クマに会ったらどうするか、具体策がつかめません。

理由は簡単、おじさんが言うのは「しないこと」ばっかりだからです。

するとおじさん、最後にナイス発言をしました！

「放課後は集団でまとまって帰れ。そんでクマに会ったらみんなして、カサを突き出し、ばっと開け。クマは大きいものが怖いから、驚いて逃げだすど～」

困り顔が「そっか！」に変わりました。

「すること」がわかったからです。

「すること」は踏切板

欲や夢、目標を持ったら「しないこと」より「すること」を決めてください。
ダイエットも「ケーキを食べない」の「しない系」は失敗しやすく、「食べたくなったら歯みがきする」の「する系」が成功しやすいんだって。かつて朝バナナダイエットが流行《はや》ったのも、することが明快だったからです。

「すること」を決める。
それだけでぽーん！　と未来へ跳び出せます。

「ない」と悔やんで生きるのか
「ある」を駆使して生きるのか

定食屋では松か梅を選べ

うなぎ屋さんや定食屋には松竹梅のランクがあります。松が一番高く、梅が一番安い。竹はその中間です。さて、君はどれを選びますか?

「給料日前だから梅でいいや」

「よくわかんないから、中をとって竹にしよう」

いろんな考えが浮かぶでしょう。

ここで提案。お財布に余裕があるなら松を、でなけりゃ梅を選んでください。梅は案外、人生に役立つことを教えてくれます。

君の姉ちゃん高3の夏、調理学校のオープンキャンパスに行きました。その際フランス料理の先生が、赤いりんごの皮をむきむきデモンストレーションしてくれました。結構厚むきです。

「料理店では、高いコースには実を使います。このタルト・タタンのように」

キャラメル色に煮ておいたりんごに生地をかけて、オーブンにイン。それから片手で皮を持ち上げ「こちらは捨てます」。

と、ニヤリ。

「そう思わせて、皮も使います」

隣にいた生徒に「あれ出して」と指示、アシスタント係が冷蔵庫からプラスチック容器を出し、ふたを開けました。

ぱあぁ……。

海に沈む直前の夕日のように、鮮やかな深紅の物体が現れました。

りんごの皮です！

「きれいでしょ～。皮もアイディア次第で立派なデザートになります」

そうして、皿にくるくると円を描いて置いていきました。すると、なんとも美しいバラの花になったではありませんか。

「おお～！」

私ら見物人が感動していると、先生さらに手を動かします。

「これだけではありません。もう一工夫します」

鍋に砂糖を溶かして飴にしました。それを逆さまにしたお玉めがけて縦横無尽にスースーッ、細〜く長〜く垂らします。

つるんとはずすと、な、な、なんと！

今度は飴のドームの出来上がりです。ただのお玉と砂糖水だってのに。

「さて、これをバラにかぶせると……」

一同ごくり。かたずをのんで見守ります。

かぱ。

「ほ〜ら、こんなに素敵なデザートになりました」

黄金色に輝くドームから覗く深紅のバラ。まるでキラキラ光る芸術作品です。

「これで材料費、たったの５円！」

ここだけジャパネットたかたみたいでしたが、先生、いいメをしました。

「料理人は、高いコースには実を、安いコースには頭を使います」

ぱちぱちぱちぱちの大喝采です。


これで思い出したことがあります。

アメリカの有名なテニスプレーヤー、アーサー・アッシュの言葉です。

「今いる場所からスタートし
今あるものを使い
今できることに集中する」
アーサーは黒人テニス選手の先駆者です。幼少期は黒人への差別が激しく、試合に出られませんでした。大人になり出場の機会を得るとめきめき頭角を現し、世界ランキング1位に登りつめました。
彼もまた、その時々に使えるもの、場所、道具で最善をつくした一人です。りんごの皮を芸術の域まで高めた先生のように。

今あるものでベストをつくす。
与えられた中で最大限の努力をする。
梅のコースは、身になります。

松になる実と、身になる梅と

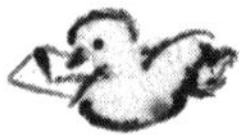

なまけ心を
シャキ～ンとさせることば

「明日《あした》やろう」はバカヤロウ

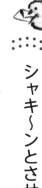

「明日やろう」はバカヤロウ。

スカッとする言葉でしょ。

これは、ドラマ『プロポーズ大作戦』に出てくるセリフです。なかなか告白できずにいる男に、知り合いのじいちゃんがくぎを刺したのです。

人間は、やりたくないことを先延ばしにします。

しかし！　それでは人間くさります。

若い君は、「命なんて永遠」くらいに思っているかもしれません。けどね、そうでもないんだよ。


おととし、母ちゃんのいとこが突然逝きました。

一回り上のひろ兄ちゃんは、母ちゃんを「あっこ、あっこ」と呼んでかわいがってくれました。近所の子を集めて相撲大会をしたり、布団の上でプロレスを始めたり。みんな、兄ちゃんが大好きでした。

母ちゃんは18歳になり、進学して家を出ました。その後、互いに結婚して仕事もしてと、兄ちゃんにはずっと会っていませんでした。

兄ちゃんが倒れたのは草野球の試合中と聞きました。

兄ちゃんは走者として出塁、盗塁をねらっていたそうです。

びゅん！　ピッチャーが球を投げると同時に、兄ちゃんも2塁めがけて走り出しました。気づいたキャッチャーはすかさずセカンドに球を送ります。

兄ちゃん、「まずい！」と引き返しました。けれどファーストとの間に挟まれ、あえなくタッチ。

「アウト！」審判が手を上げ、兄ちゃん、その場にがっくり四つん這《ば》いに。

「盗塁失敗！」「どんまい！」ベンチに笑い声が響きました。

ところが、待てど暮らせど立ち上がりません。……それが兄ちゃんの最期でした。


あっけないよね。あっけなさすぎるよね。それでようやく「人の命は期限付き」と、自分事として腑《ふ》に落ちたんです。

こんなことになるなら、早く会いに行けばよかった。

後悔したのは母ちゃんだけではありません。兄ちゃんが婿に行った家にお線香をあげに行くと、お義母さんも悔やんでいました。

「こんなことになるなら…もっと早く……バット代返してもらうんだった」

そこか～い。なんでも兄ちゃん、家族を買い物に連れて行き、良さげなバットを発見。レジで財布がないことに気づき、義母から2万円借りたんだとさ。サザエさんか。

誰だって突然事故にあうかもしれないし、今この瞬間に感電死するかもしれません。それは相手もだし、自分もそうです。そんな気持ちで暮らしたら、あんなこともこんなことも今のうちにやっちゃおうと思いませんか。

メールを出す。電話をする。会いたい人に会いに行く。

支払いをする。ＤＶＤを返す。貸したお金を取り戻す。

「明日やろう」はバカヤロウ。

今日できることは今日のうちにやりましょう。

用意はいいかい？

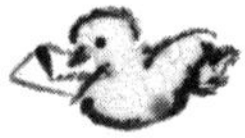

くるしみが
「楽しみ！」に化ける考え方

変えられることにハイ、集中

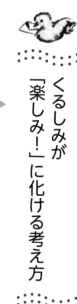

どうにもならないことを言う人がいます。
兄貴がほしかった、とか、
遠足なのにお天気悪そうだ、とか、
おまえの母ちゃん出〜べ〜そ、とかね（見〜た〜な〜）。

君のじいちゃんもその一人です。

「大学に入って勉強したかった」と80歳を過ぎた今も言います。「受験の前の日、親にとんずらされて、大学までの電車賃をもらえなかった」が理由です。

気持ちは立派ですが、30年間それを聞かされ続けるこっちはしんどいで。

言っておきます。

どうにもならないことは、どうにもなら〜ん！

これが真理です。

てるてる坊主を作っても降るときは降るし、出べそは今さら直りません。

変えられないことをなげいても仕方ありません。だから言うな。

以前、こんな言葉に出会いました。

「過去と他人は変えられないが
自分と未来は変えられる」
砂に水が染み込むように、心にじんわり染み入りました。以来、座右の銘にしています。

どうあがいても終わったことは変えられません。じいちゃんも、あの日に戻って親をとっ捕まえることはできないんです。

変えられるのは、未来だけです。

そのためには「反応」より「対応」。

過ぎたことにどっぷりつかるのではなく、これからできる対処をするんです。

雨の予報ならカサを持つ、出べそが気になりゃへそ出さない！　それがグッド。


だから母ちゃんは提案しました。

「私が学費出すから大学入れば？　欽ちゃんだって73歳で入ったんだし」

ね、じいちゃんの未来を変える、すばらしい提案でしょう？

驚きのあまりじいちゃんは「……」。

セサミストリートのエルモみたいにお口ぱっかん、しばし固まった後でつぶやきました。

「もう10歳若かったら」

だ〜か〜らっ、それは変えられないんだって！


ぐちは社会の迷惑です。

前進あるのみ！

変えられることに集中し、すっきり前に進みましょう。

反応より対応

本は最強のパートナー
「学びたい！」が芽生えたら

読書を怠るな

大人になって、わかったことがあります。

「勉強ってこんなに楽しいんだ！」ってことです。

学校で習う微分積分、化学式。それらは、てんで歯が立ちませんでした。

ですが、「これを学びたい！」と感じ、自分で取りに行く行為、それはとてつもない快感・満足感・充実感をもたらします。それはもう、へたくそだったバドミントンで初めて100回ラリーが続いたくらいの喜びです。

本は君の味方です。小さなカラダで、律義に忠実に幅広い知識を授けてくれます。ぜひ人生を本と共に歩んでください。


近くの加賀谷書店で本を買った際、袋に心打たれる詩が載っていました。

1998年、読書推進キャンペーンに合わせ茨田晃夫さんが作ったものだそうです。

「こどもたちよ

私がお前たちに遺してあげられるものは、あまりにも少ない。

兄弟げんかも起こらないほどの僅かな財産と、
正直だけが取得の血筋、何枚かの写真。
そして、書棚の古びた本と、読書を苦痛に感じない習慣。
伝えるものは、それがすべてだ。
地位や名誉が欲しければ、自分で手にすればいい。
愛もまた同じだ。
それは、私が遺していくべきものではない。
自分で考えろ。自分で選べ。自分でいきろ。
そのために必要なことは教えてきた。

ただひとつだけ言っておこう。
読書を怠るな。
もちろん本からの知識がすべてだとは言わない。
多くの人と出会い、経験を重ねることによって、人は真に成長する。
時には書を忘れ酒杯をくみかわすのもいい。

しかし、読書は怠るな。
想像の翼を持たない者は、いつまでも夢にとどかない。
幸いにお前は、インクの染みのような活字の羅列から
物語を想像できる力を持っている。
小さな頃、寝床で本を読んで聞かせると、お前は目を輝かせていた。
その頃の興奮を忘れないでほしい。」

本は君を
より厚く
より広く
より高みへと連れていきます。

待ってろ、本屋！

目線15度上！力とアイディアがあふれだす思考法

反省会より「どうするかい」

小さい頃から、事が終わると「反省会」がありました。

野球の練習試合の後は「石につまずいてこけたのが悪かったと思います」

学校の終わりの会でも「しん君に笑わせられて鼻から牛乳が出ました」

そのせいか、大人になっても「今日、一人反省会だから」としみじみ缶ビールを傾ける人がいます（だんなだ）。

けど、思うんです。

「大事なのは、これからだべさ」と。だって牛乳が噴出したのは終わったことです。それを鼻に（口にか？）戻すことはできません。

この先こけないためにどうするか、笑わせ攻撃にどう対抗するか。

頭を使うべきはそこ、「次、どうする？」です。


これに関して、姉ちゃんの塾の先生がすばらしかった！

姉ちゃんは高校入試を前に塾通いをしました。ところがある日のテストで、第一志望の高校に50点足りないことが判明！　姉ちゃん、母ちゃん、先生の３人で話し合いがもたれました。

「50点足りないな」

先生が切り出すと姉ちゃんは、散る間際のチューリップのようにうなだれて答えました。

「はい……がんばってはいるんですけど……。英語とか、なかなか点数取れなくて」

頭のまわりに「どよ〜ん」という字が見えるようです。

しかし、反省会はここで終了。先生はここからサクッと次の対策＝「どうする会」に移ったのです。

「50点ということは、一教科10点上げればいいということだ」

「へ？」下を向いていた姉ちゃんの目が、先生をとらえました。

「10点なら、なんとかなると思わないか」

「思います」

「英単語は一問2点だ。何個書けたら10点だ？」

「5個です」

「それならできそうか？」

「できます！」

「よし、じゃあ英語は単語を覚えよう。一日何個なら覚えられる？」

「10個なら！」

面接室に入るとき、床の木目しか見えないほどだった姉ちゃん。出る頃には先生をまっすぐ見つめ、ほっぺをぴっかぴかに光らせていました。

先生は知っていたんです。テストは終わったこと、大切なのはそれを踏まえて何をすればいいか、なのだと。

だから、「反省会」より「どうする会」です。

困ったことがあったら「どうするかい？」って人に自分に問いかけてごらん。

「グラウンド整備で石も寄せる」

「先に笑わせる」

「これから」のアイディアと、たーーーっくさんの勇気があふれ出します。

この下っ腹を「どうするかい？」

どんとこい！
初めてのことに立ち向かう日に

急がばシュミれ

赤ちゃんとして生を受けてからこれまで、君はたくさんのチャレンジをしてきました。

幼い頃は何度も何度も転びながら、歩けるようになりました。

補助輪を外して、びゅんびゅん自転車に乗れるようになりました。

そのために、気も遠くなるほどの時間を「練習」に費やしました。

この「練習」こそ、これからの君の人生に大きなパワーをもたらします。


母ちゃんの高校時代のバレンタインデーのこと。

「おはよう」と教室に入っていくと柔道部の女友だちが、朝一で告白しようと落ち着かない様子でした。

「なにそわそわしてんの？」

「そわそわなんかしてない！」

そう言う割に、目を血走らせて右へ左へ行ったり来たり。動物園のゴリラみたいです。

そうして「頼む、胸貸して！」と母ちゃんを男役にして、けいこを始めました。

「『つきあってください！』…違うな。『好きです♡』…5点。『いつも見てます！』…何をって話だよな〜。あ〜〜もういい！　行ってくるっ」

がたんと立ち上がり、気合を入れてほっぺをパンパン！　試合前のルーティンです。そうしてブンッと鼻をかみ、天をあおいで言いました。

「……鼻血出た」

告白はお預けとなりました。

数時間後。鼻つっぺで血が止まった昼休み、彼女は無事愛を告げました。

結果はどうかって？　できたことが重要、結果は別！


告白、プレゼン、名刺交換。

君の人生にはこれからたくさんの「初めて」が待っています。

練習すれば、できるんです。

練習はうらぎらない

わかっているのにやらかした
そんなときにはこう対処

プレイバック法

ふるまいや言葉選び、しくじるときってありますよね。

「そう来る？」ってことです。

「私、心臓に毛が生えてるんです」「きたな〜い」とかね。


母ちゃんが開く子育てサロンに来た、りょう君もそうでした。

りょう君はおむつ外しの真っ最中。遊びに夢中でおもらしをしました。

隣の部屋でパンツを替えながら、ママはどっかん大噴火！

ママ「だからトイレに行こうって言ったでしょ！」

子「ごめんなさい」

ママ「お母さんにじゃなく、若松さんに謝ってきなさい！」

りょう君、湯気を上げるママ……いえ、湯気を上げる床を拭く母ちゃんのもとへやってきました。

そうしてしばし作業を眺めたのち、やっと思い出したようです。

「あ、ぼく言いにきたんだった！」

そうして思いを込め、真剣なまなざしできっぱり口にしました。

「がんばれっ」

さらにママが炎上したのはご想像の通りです。

こんな場面で効くのが「プレイバック法」です。

「戻って」「1回」やり直すんです。この場合なら、

①「がんばれっ」発言の前に戻る

②ママが「言うのは『ごめんなさい』だよね」と確認

③りょう君、再チャレンジ

これだけです。

することがわかっているなら、落ち着いてやればできます。

「どうするんだっけ?」だけでいける子もいます。一旦リセットすると冷静に向き合えるからです。

君もこれから社会に巣立ち、いくらでも未知なる体験をします。

友だちの結婚式に招かれ、ご祝儀袋を自分に向けたまま渡しそうになることも

あるでしょう。そんなときにプレイバック。
①袋を引っ込める（前に戻る）
②やり方を思い出す（確認）
③相手に向けて渡す（再チャレンジ）
誰かが逆向きにしていたら「どうするんだっけ？」と声をかけてやって。それで気づくかもしれないし、意味不明な顔をしていたら「こうするんだよ」とやって見せます。後輩指導も同じです。

ちなみにこれ、前項で紹介した「練習」とセットにすればよりカンペキ。
先に「練習」、トチったら「プレイバック」。
これで体にしみこみます。

床にはしみませんよう

第二章

ごきげん主義！

バクバクする心臓を
ほ～っとなだめる6秒マジック

落ち着き方インストール

人間あせると頭が正常に働きません。

車線変更したらブッブー！　とクラクションを鳴らされた。

支払いで、クレジットカードじゃなく焼肉屋のメンバーズカードを出した。

するとあせりに輪がかかり、普段やらないことをやらかしたり、言わなくていいことを口にしたり、事態は悪くなる一方です。

そんなときこそ一呼吸。冷静になると、次の一手が見えてきます。


「落ち着く」

簡単そうで難しいこやつ、「すること」を決めておくと助けになります。

深呼吸でもいい。

数を数えるでもいい。

自分なりのクールダウンを決め、軽くあせったときに練習してください。

「怒りで後悔しない」を目指すアンガーマネジメントによると、怒りは6秒でおさまるそうです。ということはだ、人間6秒あると気が静まるってことです。

ある日、それを実感する出来事がありました。

初冬の午後、友人が出演する吹奏楽のコンサートに行きました。非日常を堪能し、「あ〜来てよかった！」と外に出ると、辺りはすでに真っ暗です。

「早く帰らなきゃ」

ごそごそと車の鍵を探すも、あれ？　いつも入れているかばんのポケットにありません。おかしいなあ。スカートのポケット、コートのポケット……。どこにも見当たりません。どーしよ、どーしよ。あせるな自分。

「そうだ！　明るいところで探そう」

気を取り直し、イルミネーションがきらめく広場に向かいました。

なのにです。冬になるとかつての紅白歌合戦の小林幸子ばりにまばゆいその場が、今日に限ってイカ墨のような暗室状態ではありませんか。

人の気配はあります。ざわついて、何か催しをしている様子ではあるのです。

なのに暗黒って、どーゆーこと?!

すると突然、暗がりの中から司会者の声がしました。

「ではご一緒に！　10、9、8、7……」

「え？　え？　6、5、4」、わけもわからずカウントダウン。声はどんどん大きくなって、百人くらいはいる模様。この暗闇にそんなにいたんか！

「3、2、1、0！」

ぱあああ……！！！　イカ墨から一転、ダイヤモンドのような光が一斉に放たれました。なんとそれは、イルミネーションの点灯式だったのです！

「きれ～」と見とれた後、ハッと我に返りました。

「そうだ、鍵、鍵」

鍵は無事、かばんの内ポケットから見つかりました。

解決策は冷静な頭に舞い降ります。

6つ数えろ

いやなあいつが夢にまで
ずーんと凹んだときの対処法

振り向けば、百人の味方

いやなヤツがいるとします。

目が合うと「何見てんだよ」とにらみつけるし、すれ違うときは肩をぶつけてきます。ほかの人には普通なのに、なぜか自分にはねちねち言ってくる。

そうなると頭の中はそいつのことでいっぱい。また何か言われるんじゃないか、されるんじゃないかと、そこに行くのがユウウツになります。

気になると、頭から離れません。

その人しか見えません。

そんなときは後ろを振り向いてごらん。

そこには、百人の味方がいるから。


母ちゃんは仕事を始めたばかりのとき、仕事に行くのが嫌で嫌でたまりませんでした。小さい頃からの夢を叶え、念願の幼稚園の先生になったっていうのに。

反《そ》りが合わない保護者がいたんです。

「初任者？　大丈夫かしら」「ピアノ、まだまだね」「たらこおにぎり出さないで」

やったらエラソーで、子どもが帰ったあとも電話でもうひと文句言ってきます。

あるとき電話を切って「ふ〜」と一息つくと、アネゴのように慕っている先生が「どうした？」と声をかけてくれました。事情を話すと大笑い。

「あのお母さん、上のお姉ちゃんのときもそうだったよ。『写真を撮るとき、うちの子は端にしてください』って。理由を聞いたら『真ん中だと魂が取られる』」

聞いていた他の先生も言いました。「そのくせ『お遊戯会は中央で』って」

「な〜んだ、そういう人なんですね」

それから気が楽になって「はいはい」と流せるようになりました。

振り向いたら味方がいました。園児もウサギもカメキチもいました。

苦しくなったら見る方向を変えてごらん。

バックには百人の味方がいます。

母ちゃんも味方だ！

元気もりもり！
一瞬で前向き発言ができる簡単テク

「よかった」でスタート！

「最初が肝心」。君もよく言われたでしょう。

入学したときやクラス替え、スノーボードやピアノの教室。

はじめにどんな習慣がつくか、どんな印象を与えるか、どんな型を身に付けるか。

それでその後が全く違ってきます。

そんな「はじめの一歩」を大事にしてください。母ちゃんも食べ放題で真っ先に胃に入れるのはカロリミットです。


「はじめに何を言うか」も同じです。

「最低」「最悪」「残念」などマイナス言葉で始める人もいます。

「よかった」「最高！」「チャンス！」など、プラス言葉で始める人もいます。

そして、脳みそは、言った理由をパトリオットミサイルみたいに追跡します。

台風で休校の連絡がきたとします。

「最低！　苦労して髪の毛まっすぐにしたのに」

「最高！　正々堂々休めるわ〜」

出だしの言葉が真逆でも、何かしら見合った意味合いを見つけ出すんですね。

せっかくですから、君はプラスから入ってください。すると前向き、明るい気分でいられます。

「あなたのせいよ」by 肝臓

知り合いのお医者さんの話です。

「あるときね、患者さんを診察したら、その方は肝臓が悪かったんです。聞くと毎日相当な量のお酒を飲むそうだ。それで言ったんです、『あなた、これはお酒のせいですよ』と。すると、その方なぜか『よかった！』と喜んだ」

「え、なぜでしょう」

「『よかった！　私のせいじゃないんですね。お酒のせいですね！』だって」

「よかった」から始めましょう。

終わりよければすべてヨシ
気持ちを上げる会話のメ方

たかが順番、されど順番

「よかった」で始める。それとセットで覚えておくと便利なことがあります。

それは「〆をプラスに」。

プラス発言をしたくても、マイナスなことを言ってしまうことだってあります。

そんなときは、その後にプラス発言をくっつけてください。終わりよければ全てよし、です。


次の違いを味わってください。

「美人だけど、性格はきつい」

「性格はきついけど、美人」

どちらの女性なら会ってみたいですか。

あ、どっちもいまいち？　では、これならどうでしょう。

「この間の中華の店、めっちゃうまいんだけど、出てくるのが遅いんだよね」

「この間の中華の店、出てくるのは遅いんだけど、めっちゃうまいんだよね」

どちらなら行きたくなりますか？

人の記憶に残るのは、出だしと〆です。授業で先生が言ったことや遊園地で何に乗ったかも、よく覚えているのは最初と最後ではありませんか。だから途中何を言っても、最後の最後をプラスにするだけでムードがよくなります。

夕方、犬の散歩でグラウンドを通りかかったときのこと。小学生のチームが野球の練習をしていました。「かわいいなあ」としばしたたずんで見ていると、どうやら終わりのよう。「集合!」と声がかかりました。

整列した子どもたちに監督が低音で話しだしました。

「今日は寒かったから、動きが悪かったな」

「はい!」

「そのせいでゴロのトンネルが多かったぞ」

「はい!」

皆、悪いところを指摘されて顔がこわばっています。

「おまえたち……」

息詰まる間《ま》。引きつる子どもたち。一人ひとりの顔を順番に見つめた後、監督が大きな声で言いました。

「返事は最高！」

「はい!!」

破顔一笑とはこのことです。はじける笑顔が夕焼けに染まり、一斉に桃色の朝顔が咲いたようでした。

マイナス発言をしても、最後はプラス。

それが、場と気分を押し上げます。

プラスでメよう

「最近みんな、よそよそしい?」

そんな空気を打破するために

一生を変えた3文字

話していて、気がめいる人がいます。

「バスケの試合見に行ったら、車停めるとこなくてね」

「でもさ、一台分くらいあったでしょ」

「あってもいいようなもんだよね〜」

「そんなに混むんなら、最初から公共交通機関で行くべきだったんじゃない？」

「うん、思った」

「は〜。ばかか？」

そいつとはその後、会っていません。何がイヤってこんな点。
・「でも」「しかし」など逆説多用
・「べき」とか説教くさい
・ため息をつく
なんかね、この人といると自分がまるでダメ人間に思えてくるのですよ。

同じ話すなら、自分も相手も気持ちがはずむ言い方をしようぜ。

母ちゃんの知り合いで「相手の使う言葉で結婚を決めた」というレポーターさ

んがいます。

彼女には二人のボーイフレンドがいました。みんな忙しく、もっぱらメールでのやりとり。

ある日、彼女はなにげなく、二人に「最近どう?」とメールしました。

返ってきた返事はどちらも3文字。

それを見た瞬間、彼女は「この人と結婚しよう!」と決めたそうです。

さあ、それぞれの3文字とは?

それは……、
A君「疲れた」

B君「絶好調!」

選んだのはもちろん、B君です。彼女はそのときの心境をこう語っています。

「A君は心配してほしいのかなぁ……いつも忙しい、疲れた、癒してほしいと書いてくる。それ読むと、こっちまでズーンと重くなるんです。

B君は目標があって、休みの日でも自腹で学びに出かける人。過密スケジュールなはずなのに、自分にも人にも元気に声をかけて盛り上げる。
二人のメールを見たとたん、結婚後どんな家庭が待っているか、ありありと目に浮かんだんです」

どんなセリフを選ぶか。それで未来は違ってきます。
Change your words.
Change your world.
言葉が変われば、世界が変わります。

言葉はプレゼント

抱えきれない思いに
押しつぶされそうになったら

話すは「放す」

思いは「重い」。

話すは「放す」。

重たい思いは、話すことで手放せます。


君の姉ちゃんは「料理の仕事がしたい」との夢に向かい、調理の学校に入りました。卒業後、東京の有名なフランス料理店に就職。男だけの店に初の女性採用ということもあり、人一倍張り切っていました。

「元気でやってる？」

「うん、元気だよ」

電話で話すその声は日がたつにつれ、だんだん暗〜くなっていきました。

ゴールデンウィークが始まろうとする4月下旬。朝に電話が鳴りました。

画面には姉ちゃんの名前。

どきっ。普段かかってくるのは夜なのに。

「どした？」と出るも、返事がありません。代わりに聞こえるのは周りの音。

……がたんがたん……しゅー……　ホームに電車が入ります　……。

地下鉄のホームのようです。

何かあったな。

スマホに耳を押し当てると、ぐすぐすと鼻をすする音が聞こえます。

……泣いています。

何度目かの「どした?」に姉ちゃん、ようやく口を開きました。

「……行きたくない。指導してくれる人、もうだめ……」

「だめって何が?」

……ドアが閉まります
乗るはずだった電車が発車する音がしました。しばし間があいたのち、姉ちゃんはやおら話し始めました。

一本に結んだ髪をつかんで大波小波みたいに振られること、野菜でお尻をぺしぺしされ「これはセロリがやってるからセクハラじゃないよ~」と言われたこと、その人がヒゲをはやしていること。その先輩すべてがいやなようです。

「誰かに相談した?」

「男ばっかでしゃべる人いない」

「トップに話したら？」

「フランス人だから日本語あんまり話せない」

そうして意を決したように言いました。

「ここ、やめていい？」

「……いいよ、今までがんばったんでしょ」

「よかった……。ずっと言い出せなかったんだ。私の就職、お父さんもお母さんも、すごく喜んでくれてたから」

鼻は詰まっていたけれど、その頃にはいつもの口調に戻っていました。


たくさんの荷物を持っていると、他のものを持つ余裕がありません。

大量の買い物をして帰ったところを想像してください。右手に紙袋3つ下げ、左手には段ボール箱をふたつ抱えてあごで押さえています。よっこら玄関に入ると、見計らったように「ぴんぽ～ん」インターホンが鳴りました。

よたよたしながら「はい」とお尻でドアを開けると、そこにはご近所さん。

「送られてきたの。おすそわけ」とりんごを一個差し出しました。さあ、君はそれをどうしますか。くわえますか。きっと荷物を置いて受け取るでしょう。

手がふさがっていると、他のものが受け取れません。

いったん横に置いたら、新しいものを受け取れます。

気持ちも一緒。抱え込むと、それでいっぱいになり、別な考えが浮かびません。

だからね、それをいったん手放すの。それにはしゃべるのが一番！

話して放つ。すると重い思いを手放せて、また軽やかに歩き出せます。

姉ちゃんも話すだけ話してすっきりしたのでしょう、最後に言いました。

「じゃあ包丁取って帰ってくる！　次の電車が来たから、切るね！」

ふわり。大都会の風の中、真っ白なスカートを揺らして駆け出す姉ちゃんが見えるようでした。

放って、跳べ！

相当励ました、
これ以上どうすればいいのョってときに

押してだめなら「聞いて」みな

さて、「やめていい？」と言った姉ちゃん。

そこに至るまでの一か月、母ちゃんはずっと励まし続けました。

「最初はみんな、しんどいもんだよ」

「母ちゃんも就職したての頃は、毎朝『どんなときも。』聞いてから出かけたよ」

「先輩のいやなところじゃなく、いいところを見つけたら？」

そうやってアドバイスしたり、こちらの考えを言ったり、歌の動画を送りつけたりしていました。つまりは「押して」いたんです。

けれど結果的に、姉ちゃんはその店をやめました。

したがいまして、母ちゃんのしたことは、てんで役に立たなかったということです。


姉ちゃんを次の行動に向かわせたのは、意外にもたったのひと言。「どした？」でした。

押すんじゃなくて「聞く」。

そちらのスタンスにしたら、自分で答えを出してさっさか歩き始めました。

ところで人は、一日いくつのことが頭にめぐると思いますか？

その数なんと！　6万。

ごはん茶碗一杯にはごはん粒が約三千入っています。ということは、実に一日茶碗20杯分のごはん粒が頭の中を行ったり来たりしているんです！　べたつきそうです。

君も学校の授業中、先生の解説をBGMに「昨日のラグビーの試合、すごかったな」とか「放課後、お好み焼き食って帰ろ」とかいろんなことが浮かんでは消えましたね。

悩みがあるなら、なおさらです。あーでもない、こーでもない、じゃあどうしたらいいんだあああ！　と大盛りごはん粒が超高速で飛び交っているはず。

本人も、ごちゃごちゃして混乱している。それを一つひとつ口に出す。するとかたまりがほどけて「あ、自分はこう考えていたんだ」「こうしたかったんだ」とわかってきます。そうして頭の中がまとまると、ふいに次に向かう道筋が見つかることもあります。姉ちゃんがそうだったように。

君もこの先、誰かのお悩み相談に乗ることがあるでしょう。

そんなときはアドバイスするでもなく、励ますでもなく、

「ただ聞く」。

これを試してください。


話させる。

すると勝手に進んでいくんですから、こんなラクなことはありません。

それだけで君はその人にとって、なくてはならない存在になります。

「聞く」は偉大なり

第三章

コミュ王になれ

その物言いじゃ孤立する
仲間が増える黄金ルール

正論はつまらん

話していて、「こいつ、パス」と思う人がいます。

それは「いっつも正論な人」です。

「この前、待ち合わせに遅れそうであわててメールしたのね。着いたら『今井って誰?』って笑うの。見たら『今行きます!』が『今井来ます!』になってた」

「笑えないね。常識的に考えて、しっかり確認してから送るだろう、普通」

「そうなんだけど、急いでたからさぁ」

「時間は追うもの作るもの。時間に追われる自分が悪い」

おもしろ話を提供したつもりが、まさかのお説教タイムです。


正論ほどつまらないものはありません。

わかり切ったことを、あえて口に出されるとカチンときます。

君は小さい頃、何度も何度も同じ絵本を読んでもらいたがりました。あれは何度目の「一生」だったでしょう。

君「ねーねー、おかあさん、一生のお願い。これよんで~」

私「はいはい」

君「『はい』は一回」

ひどい仕打ちです。

何度でも言います。正論はつまら〜〜〜ん！

話し上手な人は、共感やたとえ話を使います。

「わかる〜。後で変換ミスに気づいて、汗噴き出すことあるよね〜」

共感されると「わかってもらえた！」と安心でき、心地よくなります。

「携帯に電話して『なんで居場所わかった？』って言われたみたいな脱力感よ」

こんなたとえはおもしろいし、「おぬし、やるな」と一目置きます。

体験談もいいです。特に失敗談は格別です。

「あるある。私も市民講座の連絡で『次回は睡眠指導師・佐野敦子先生です』って送ったら『寝てばっかりでお話しできますかね？』って返事が来たの。見たら『睡眠し通し』になってた！」

「おれなんか『グレイテスト・ショーマン見に行かね？』って送ったつもりが『グレイテスとショーマン』になってた。ヘンゼルとグレーテルかよ」

これなら、友人から格上げして「同志！」になります。

もっともなことばかり言う人は、エラソーなだけで偉く見えません。

比喩に共感、体験談を駆使する人は親しみがわきます。失敗したことを聞いているのに、賢い感じがするから不思議です。

正しさより失敗談。

それが、できるオトコの標準装備です。

意外や意外　失敗談は　友の基（回文あり）

「♪これしてほしい」をしっかり耳にとどけるヒケツ

「伝える」極意

伝えたいことがあるなら、タイミングをはかるといいですよ。

集中していると、呼ばれても聞こえないことがありますしね。

子どもの頃の君はアリンコを観察していると「ごはんだよ〜」と呼んでも耳に入りませんでした。

母ちゃんは朝ドラで「あまちゃん」の音楽が流れると母親業はいったん休業、15分間テレビの国に行っていました。

「忘れないうちに書いとこ！」とバーッとパソコン連打しているときに、「おれ、白髪ない？」と話しかけられると困ります。

お米を「1合、2合……」と量っている最中に「10！　9！　8！　7！」と横やりが入るとイラッとします。

聞いてもらうには、タイミングがあるんです。

目線がアリからカラスに移ったとき、仕事が一区切りついて「は〜」と背伸びをしたとき、連ドラが「つづく」になったとき。そのときこそ絶好のチャンス！

「おれ、白髪ない？」と話しかけてください。

タイミングは数分後にやってくることもあれば、しばらくしてやってくることもあります。ある大学の先生は数日かけて成功させました。

その先生のゼミに、提出期限を過ぎてもレポートを出さない学生がいました。見かけるたびに「レポートは？」と催促するのですが、「明日出します」の一点張り。一向に出す気配がありません。レポートも成績をつける上で貴重な判断材料です。先生はほとほと困りました。

ある日、先生は大学近くのファミリーレストランに行きました。どれにしようかな～とメニューを見ていると、「いらっしゃいませ」と水を持ってきた店員と目が合いました。

未提出男子です。

先生は「レポートは？」と言いたいのをぐっとこらえ、「あ、君ここでバイトしてるの？」と切り出しました。「怒られる！」と身構えていた男子は、ほっとした様子。

「そうなんです。結構楽しいんですよ。それで先生、ご注文は？」

「そうだなぁ……。この唐揚げ定食と、食後にコーヒー……あ、それと……」

先生はちょっと間を置き、メニューからひょいっと顔を出して言いました。

「レポートひとつね！」

次の日、レポートは無事提出されました。

ベストタイミングを狙いうち

ど真ん中！
言いたいことをずばっとキメる

まっすぐに伝わるモノの言い方

何が言いたいのか、さっぱりわからない人っていませんか。

「夕飯、何食べたい?」に「野菜はいらない」「寒くなりたくない」「焼き魚と酢の物と鶏肉以外」と来たもんだ。知らんわ。

「しないこと」や「NG行為」、つまりは「否定」ばかり並べられると頭が混乱します。こんな人を「否定ヒトデ」と呼びます。


想像してください。

「そちらのお店、いつだと予約が取れますか」に、

「火曜と水曜、それから金土日はすでに埋まっています。あ、月曜定休です」と言われたら?「予約できる日を教えろ」と思いませんか。

新幹線のアナウンスでこんなのがありました。

「車内販売のお知らせです」

あ、車内販売あるんだ。せっかくだから何か買おっと。

「ホットコーヒー、アイスコーヒー、(その他もろもろ忘れて中略)アイスクリーム……」

たくさんあるなぁ、わくわく。何にしよう。

「……の販売はございません」

ないんか〜い！

否定ヒトデはまわりくどいです。実験してみましょう。これから、私が言う通りに動いてください。いいですか〜。いきますよ〜。


「右手上げて。左手上げて。

右手下げないで、左手上げない」


はい、いかがでしょう。

前半「右手上げて」「左手上げて」はすんなり動けました。こちら、肯定形。

ごちゃごちゃしたのは、後半「右手下げないで」「左手上げない」でしょう。

こちらは否定形です。否定はこれだけわかりにくいんです。


肯定で話すとグーンと伝わります。こちらは「肯定ペンギン」です。

目指せ、肯定ペンギン

「何食べたい？」に「湯豆腐」と答えてくれると作りやすい。いろんな意味で。
「いつ予約が取れますか」には「木曜空いてます」なら即決です。
これからは「すること」「ＯＫ行為」を口にする肯定ペンギンを目指してください。
すると「あの人の話ってわかりやすい」
「先輩の指示って動きやすいっス！」
そう評判が上がること、うけあいです。

ちっさいことが気になり出したら。
誰かのまちがいと美しくつきあう法

平和を守る「察する力」

相手の言いまちがいや勘違い。そのたび指摘し、話の腰を折っていませんか。
「こうかな」と察しながら聞く、それがスマートな大人です。

子どもはよく、おもしろ発言をします。
「ずっく」が「ぐっず」になったり、
「コンタクト」が「コンタくん」になったりと。
大人も結構やらかします。
父ちゃんはいまだに「エレベーター」と「エスカレーター」が反対です。
母ちゃんは「すじこ」を「たらこ」、「たらこ」を「すじこ」と言います。
近年「ますこ」が登場し、さらにしっちゃかめっちゃかです。

そんなの、スルーしてください。
言っても「そうね。コンタクトね」でとどめましょう。
けして「リピートアフターミー！　コ、ン、タ、ク、ト！」とすごまぬよう。
話す気、失せます。

君は幼い頃「しらゆきひめ」が言えませんでした。
君「おかあさん、ひらゆきしめ、よんで～」
私「しらゆきひめでしょ！」
君「うん。ひらゆきしめ、よんで～」
私「だ～か～ら～！　しらゆきひめでしょ！」
君「もういい！」
あ～あ、私のばかばか。これでは意欲もプライドも根こそぎそいで、相手のやる気をうばってしまいます。

指摘されたら反発します。
自分で気づくと直せます。

だから母ちゃんが「すじこ食べる～？」と聞いても、「たらこじゃん！」と怒ってはいけません。「たらこね」と察してください、悪気ないんだから。
母ちゃんも気を付けなきゃ。スケートを見ていた父ちゃんが「やるなあ、ザトギワ」って言うから、涙流して笑っちゃった。「瀬戸際」みたいなんだもん。

オバマをアベベと言った義母は、次には直っていました。

オフコースの『言葉にできない』を「名曲だね～、『話にならない』は……」とつぶやいた義父も、「ん？」と間があき、爆笑しました。

気づいたら直すんです。

ミスは、やんわりつきあいましょう。

言いまちがいはスルーする～

「言いたいことがあるのかな」
それがかいま見られたら

人の心をくみましょう

心をくめる人間になってください。

誰だって、思っていること全部を言葉にできるものではありません。

「言いたいんだけど、まずいかな〜」ともじもじしたり、

「用があるけど、ぼくだけ帰るのは気がひける」と躊躇《ちゅうちょ》したり。

そんな様子が見えたなら「どうかした？」と尋ねてください。そんな君に、たくさんの人が優しさを感じるでしょう。


学校帰り、友だちの家の前でバスケットをしていたのを覚えていますか？

そこに近所のおじさんが、秋田犬のウメ子を連れて通りかかりました。

ウメ子はアンパンマン人形とか突っかけ片方とか、いつも何かしらくわえています。おじさんに尋ねると「おてんばでね、出かけるときくわえるんだ。帰ったら大抵ないけど」とのこと。生まれて9か月、いたずら盛りなのでしょう。

ウメ子は0歳とはいえ、すでに体高は人の腰ほど。成犬のそれと変わりません。大きなカラダで、走り回るお兄ちゃんたちにテンションマックス。突っかけを捨て、前足を上げ、一緒にわっほいわっほい跳ねています。狂ったホッピングみた

いです。

そのときです。君のプラスチック製の名札がカラ～ン、落ちました。

「来た～！」、ウメ子は名札をパクッ！　口に入れてしまいました。

「ぎゃ～、返して～」と、大パニック。すでに何個かなくしていて、先生にお願いするたび、「またか？　今度はなくすなよ」と念を押されていたからです。

「大丈夫か！」、そのパニクりぶりに友だちが駆け寄りました。

涙目で「出せ～、出してくれ～」とウメ子に詰め寄る君。

すると様子を見ていたおじさんが、ふんわり微笑み、君の頭をなでなで。

春風みたいなあったかいまなざしで言いました。

「心配してくれてありがとう。大丈夫、下から出るから」。

おーい。「人の」気持ちをくみましょう。

心配なのは、犬ではない

小さなひと言が
大きなきずなに変わる

認め合える仲間をつくれ

「ほめる」に似たものに「認める」があります（承認とも言う）。

これを使えば職場の、家庭の、人との空気がぐ～んと良くなります。

なんじゃそりゃ？　って感じですか。ほめるに比べていたって簡単です。

相手の存在に「気づいたよ～」とサインを出す、それだけです。


認めのある場合とない場合を比べましょう。

初めてのすし屋に行きました。

認めのある店→「いらっしゃいませ！」と目が合う。水とメニューが出る。

「ご注文は何になさいますか」と聞かれる。

認めのない店→シ～ン…。誰もこちらを見ない…。水もメニューもない…。

注文も聞かれない…。……いたたまれない。

前者はすべて、こちらに気づいたからしてくれることです。これだと安心してその場にいられます。

ひるがえって後者。全く気づかれていないっぽいです。「おれは透明人間か」って感じです。これでは食事にありつけるか不安でたまりません。

「おはよう」と言っても返ってこなかったり、用事があってＬＩＮＥしたのに既読スルーだったり。それがむなしいのも、この承認がないためです。

小学校の校長先生が話していました。

「同じ授業でも、クラスによって盛り上がるクラスとそうでないクラスがあるんですよ。なぜだろうと思って廊下からのぞいて、わかったことがあります」

「なんでしょう？」

「盛り上がるクラスは、友だちの発表にしっかりリアクションがあるのね。何か言うと拍手したり、『お～！』っと歓声が上がったり『すごい！』なんて声がかかる。すると発表した子は嬉しいですよね。手ごたえを感じて、次も次もと手が挙がるんです」

確かに。自分がしたこと、いることに反応があると心地いいです。

サラリーマン川柳にこんなのがあります。

この俺に　あたたかいのは　便座だけ。

「ただいま」と帰ったのに「おかえり」もなく、奥さんばかりか犬もよりつかない。そんなわびしさがそこはかとなくただよっています。

便座だけなんてさみしすぎるでしょ〜。認めるって相互作用。便座はお尻を温めても、人は便座を温められません。

「おはよう」

「髪切った？」

「この企画、いいね！」

そのひと言をけちらないで。君の言葉に救われる人が必ずいるから。

声かけ合い、微笑みを交わし合える仲間を作るんだよ。

一語一笑

たったこれだけ！
とっておきの認めワザ

心の距離をぐぐっとつめる魔法のひと言

「認める」で一番簡単、確実！　なもの。

それは「名前呼び」です。

「おはよう」と「ダイ、おはよう」では、感じが違いませんか。

人が一生で一番耳にする音声はなんでしょう。それは「ハンコください」ではありません。「自分の名前」です。君も生まれた直後から、何度も何度も呼びかけられたでしょう。だから思い入れがあり、特別な感情を抱くのです。


君も名前呼びの威力を実感したことがありました。

中学最後の総合体育大会・地区予選のことです。3年生にとっては「負けたら引退」の最重要大会です。陸上部の君の目標は「800メートルで東北大会入賞」。だから地区大会はほんの通過点。のはずでした。

あの日ね、君も緊張して朝にうどん半玉しか食べられなかったけど、母ちゃんもガチガチだったんだよ。スタート10分前から3回トイレに行ったもん。

そしていよいよ。……バン！

号砲が鳴りました。「行けー！」、一斉に声がかかりました。

「がんば！　がんば！」各校の応援が入り乱れる中、母ちゃんは力走を記録に残そうとビデオを回しました。君は集団のちょうど真ん中あたり。こんなとき、濃い桜色のユニフォームは目立って探しやすいのです。

「よしよし、いい位置取りだ」と流れにカメラを添わせていた、そのときです。

フッ……。

画面から桜色が消えました。「なに⁉」急いでグラウンドに目を移すと、そこには地面に手を付いた君の姿が！　まさかの転倒です。

頭が真っ白になりました。ビデオを持つ手も、口も鼓動も周りの音さえ、すべて止まったかのよう。まるでそこだけ切り取られた白黒写真みたいに。

けれど。次の瞬間、君は立ち上がりました。最後尾の選手を必死に追いかけました。そうしてなんとか一人抜いてゴール。

……結局これが中学の引退試合となりました。

一時間後観客席にやってきた君の目は、やぶ蚊に刺されまくったようにぶっくり腫れていました。

「ご苦労さん。何してた？」

「……倉庫で泣いてた」

「そっか……」こちらまで涙がこぼれそうで、それ以上言葉になりません。

すると君が意外なことを話し始めました。

「転んだときね、みんながぼくの名前を呼んだんだよ」

「……え？」

「あのとき、何が起きたか一瞬わかんなかった。会場がシーンとなった気がした。けどその直後にね、みんなが……他校の友だちもみんなだよ？『ダイ！』って叫んだんだ。『ダイ、立て！』『ダイ、立って走れ！』って。それでぼく、起きて走り出したんだ」

「……そうだったの……」

母ちゃんも、涙・鼻水ぼたぼたのやぶ蚊コースです。


「ダイ、走れ！」。

それが転んだ君を再び立たせ、前へ前へと押し出してくれました。それも自分の学校の仲間だけでなく、他の学校の友だち、つまりはライバル校の人までも。

これがもし「立て」「走れ」だけだったら、また違っていたかもしれません。「ダイ！」と呼びかけられたことで、君はハッとして立ち上がり、最後の力を振り絞れたんじゃないかな。そこにはみんなの友情、励まし、優しさなど、目いっぱいの愛が……そう、星の数ほどある中の、たったひとつの名前を叫んでくれる愛が詰まっていた。それがその後の完走と、そして今の吹っ切れた気持ちにつながっている。ち〜んと鼻をかみながら、母ちゃんはそんなことを思ったよ。

あなどれん、名前呼び

名前呼びには力があります。

「田中さん、元気でした？」

「吉田さん、昨日はありがとう」

「亜紀さん、すばらしい食いっぷりですね」

それが相手を認める最も簡単、確実な方法です。

よ〜いどんから
一抜けできる！

あいさつの底力

スキップするより簡単で、なのにできると「お、やるな！」と一目置かれる。

そんなお得感マンサイのこと、な～んだ？

答えは、あいさつ。

人に会ったら「おはようございます」「こんにちは」「こんばんは」。

それだけで「好感度アップ」「しっかりしてると思われる」「話のきっかけができる」といいことづくめです。ある洋服屋さんでは「いらっしゃいませ」から「こんにちは」に変えたら売り上げが伸びたそうです。

「いらっしゃいませ、だと一方通行なんですが、こんにちは、だとお客様からも『こんにちは』と返ってきます。するとその流れで『何をお探しですか』と会話が生まれ、ほしいものを見つけてあげられる」から。互いにとってプラスなんですね。


あいさつは、できる人にとっては「そんなの当たり前」でしょう。そうね～きっと右足出したら次左、くらい自然なことじゃないかな。実際ご近所さんに「こんにちは」してほめられた小学生、なる君は言います。

「え！　あいさつするだけでほめられるの⁉　どうして？」と。

当たり前すぎてびっくりなんですね。

「あいさつがすばらしい」という理由でお客様に指名される営業マンもいれば、センバツ出場が決まる高校もあります。お金も準備もいりません、口さえあればすぐできる、これはやるしかないでしょう。


そういう母ちゃんは、できない子どもでした。恥ずかしかったんです、ぽっ。

ですが近くに見本がいました。仲良しのさっちゃんです。その子は誰にでも「こんにちは！」します。それを見たばあちゃんに「あっこもしろ」とどやされるのですが、できません。さっちゃんはずっと憧れで、目標でした。

できるようになったのは、中学の頃です。

登校時、毎朝すれ違う人がいました。ばあちゃんの仲間です。そっちは車でこっちは歩き、会うとアイコンタクトでほほえみます。そしたらある日、ばあちゃんが教えてくれたの。

「優子さんが『あっこがにこっとしてくれてかわいい』ってよ」。

やったぁ〜♡　翌日からです、「おはよう」がこぼれ落ちるようになったのは。見本があって、きっかけができ、自分なりの潮が満ちた。そんな感覚でした。

その点、君は結構できたよね。お祭りで親の知り合いに会っても「こんばんは！」と小さな頭をぴょこり下げてたもん。

小学校一年生、イオンでのできごとを覚えてますか。

向こうから知った顔が来るなあと思ったら、高校時代の恩師。喜んで駆け寄り「その節は大変お世話になりました。これ、うちの息子です」と紹介すると、君はすかさず言いました。

「母がご迷惑をおかけしました！」。

わしゃ迷惑か〜い！　あいさつは普通にしたら十分だ〜い。

さて、この話には続きがあります。

くだけそうになる腰をおさえて「この方はお母さんの高校のときの先生よ」と教えると、今度は大声で反復。

「すごいねー！　お母さんの先生なの？　すごいねー！　すごいねー！」

先生は「いや、それほどでも……」とまんざらでもない様子。ですが「すごいねー！」の音量に押されて全く会話ができません。

母ちゃん、止めるつもりで聞きました。

「何がすごいの？」

……聞かなきゃよかった……。

君はフロア中に響き渡るボリュームで言い放ちました。

「だってすごいよ！　まだ生きてるなんて‼」

十時から日没までは「こんにちは」、その前「おはよう」、その後「こんばんは」。当たり前に頼みます。

やった人だけ福が来る

ゆる〜い人にも
さくさくやってもらいたい

動きたくなるヒミツ

人に言われて、気持ちよく動けるときと、そうでないときがありませんか。

例えばです。どう言われたら、そこまで洗おうと思いますか。

Ａ「耳の後ろまで洗えば、さわやかな好青年になれるよ」

Ｂ「耳の後ろまで洗わないと、加齢臭するや〜」

あ、ここで豆知識。加齢臭は本当に耳の後ろから出るそうで、早いと30代で「発臭」するんだってさ。はい、話を戻します。

前者はメリットを言っています。

後者はデメリットです。

さあ、どちらで洗う気になりますか。

きっと前者でしょう。なぜなら人は、利益や特典、お得感を感じると「よし、やろう」と思えるからです。メガ盛りカレーも、完食したらタダになるから挑戦します。全部食べても普通料金なら、チャレンジャーは激減するでしょう。

脅しや怒鳴りつけでも動きはします。いたよね、野球のコーチでも「何やってんだ！　しっかり捕れ」って叫ぶ人。けれどそれでは怖いから動くだけ。びくびくしていると、ぎこちなくなってまた落としたり、全くいいことありません。その点「これが捕れたらルフィ並み！」なんて言われると、やったるで〜とのびのびやれます。ゴムだけに。いえ、ルフィ並みなんて誇らしいからです。


例をもうひとつ。

秋田で有名な稲庭うどん。機械化の現代にあって、ほとんどすべてが手作業です。仕事は熟練の職人さんが空を見上げるところから始まります。そうやって、その日の温度と湿度を見ながら粉を配合。練って、のして、切って、縄を綯《な》うようにしながら、あの細さに近づけます。そのせいか、お値段高め。贈答用に買うくらいで、一般庶民の口にはなかなか入りません。

しかし！　世の中うまくできています。麺が細いと製造過程で折れることも多いのでしょう。地元では折れたのが袋に入ってお安く売られているんです。

さて、またもや問題です。これ、ＰＯＰにどう書かれていたら買いますか？

Ａ「味は変わらず、お値段半額」

Ｂ「どうせ捨てるとこだから、お値段半額」

ゼッタイ前者でしょう。廃棄物を食べるのは抵抗あるし、それは店側＝自分の都合です。対して前者は味が同じならお得！　と思わせてくれます。お客さん＝相手のことを考えていて、だから心もサイフも開きます。

人に動いてもらうには、うまみやプラス面を見せてやるといいんです。

「母ちゃん、これ買ってきて。お釣りはやるよ」

「しょうゆ取って、倍にして返すから」（ん？）

「相手」の「メリット」をちょぃ足しする。

それが軽やかに動いてもらうヒケツです。

「相手メリット」でうまくいく！

怒ると叱るじゃ大違い
相手を成長させる声かけの極意

「怒る」と「叱る」

先輩になれば、後輩に仕事を教える場面が出てきます。

そんなときに心にとめてほしいことがあります。パワハラです。

パワハラは、上は「指導した」、下は「怒鳴られた」と感じて起こることがあります。それを避けるため「怒る」と「叱る」の違いをいったん整理しておきましょう。すると言う側に基準ができて、ムダに相手を追いつめません。

指導に使うのは「叱る」です。それができれば、「この人やるな」と相手にも周りにも一目置かれます。

さて「怒る」と「叱る」の違いは?

「怒る」は自分のため。

「叱る」は相手のため。

そう心得てください。

あるとき、心理士の先生に警察から連絡が入りました。

「万引きした少年を補導したのですが、なかなか手ごわいです。ちょっと来てください」。先生は車を走らせ、署に向かいました。

着くと廊下に怒声が響き渡っています。

「おまえ、こんなことしていいと思っているのか！」

「一体何回やったら気がすむんだ！」

ものすごいケンマクです。

そこに到着した先生に、おまわりさんはくるり向き直って頼みました。

「先生からもガッツリ言ってやってください！」

そこで先生、おまわりさんに聞きました。

「ガッツリ言うとどうなりますか？」

おまわりさんは鼻息ふんふん、胸を張って答えました。

「スッキリします！」

はい、ここで質問です。スッキリするのは誰でしょう。

そうです、言う側（自分）です。

こんな自分のための発声を「怒る」といいます。

先ほどの野球のコーチの話を思い出してください。フライを落として「何やってんだ」「それも捕れないのか！」と怒鳴られても、怖いだけで捕れなかったでしょう？

それが「怒る」ね。

対して「叱る」は相手のためです。

相手がうまくできるよう、やり方や振る舞いを教え・示すものです。

方向を指して導く。だから「指導」なんです。

「球をよく見て」「フライのときは球の下に入る」などがそれ。すると〝気を付けポイント〟がわかって、だんだん捕れるようになりました。

「叱る」は相手のため

「叱る」は相手の向上のためです。

その人の進歩やステップアップを願い、「こうするんだよ」と具体的に示す。

そんな「叱れる人」になってください。

人気者になれる！
日常スパイスの振りかけ方

笑えるドッキリ、
笑えないドッキリ

ドッキリ番組を見ていると、笑えるものと笑えないものがありませんか？

笑ったのは「１００人隊」。小路を歩いて行く人に大群が駆けてくるもの。

笑えなかったのは「24時間完全ムシ」。一日だんなを無視し続けるものです。

笑える・笑えない。この差はなんだろな～と思い、気づいたことがあります。

笑えるものは、はめられた本人も笑っています。

笑えないのは、笑っているのは仕掛け人だけです。


お寿司を並べてひとつだけワサビたっぷりにし、それを食べる遊びがあります。

ロシアンルーレットなら全員承知の上だから、食べた人も最後は笑います。

けれどゲームでもなんでもなく、自分だけ知らずにだまされたら笑えません。

後者の場合、見ている側の笑いは「笑う」ではなく、「嗤《わら》う」です。

「嗤う」ってわかりますか？　母ちゃんはわからないので、今ネットで調べました。ネットって便利ですね。それによると「嗤う」は「バカにしたように笑う、見下したように笑う」だそうです。ヤな感じです。

君はサプライズは「嗤う」でなく「笑う」でお願いします。母ちゃん案外ビビりなんで。

　先日ね、夫婦二人暮らしのおばあちゃんが話してくれました。

「ゆうべな、ごはんの後にじいさんが『リンゴむいて』って言ったんだ。それで納戸に取りに行ったら、見慣れない箱があったのよ。じいさんに『この箱なんだ？』って聞くと『さぁわからん、開けてみれ』と来た。おそるおそる開けたらな……、ケーキがふたぁつ入ってた。『おや、じいさん、ケーキだぞぃ！』って言うと、じいさんニカッと笑ってな。『さっぷらいず！　誕生日、おめれとう』だと」

　さすがおじいちゃん！　亀の甲より年の功、最高の「さっぷらいず」です。

　みんなが笑顔になるものは、暮らしを、心を潤します。

「あの店はサプライズが上手」と評判を呼び、予約待ちのレストランもあります。

「あいつはサプライズがうまい」となれば、君に会うのも順番待ちになる。……かもよ。

毎日に笑える「さっぷらいず」を

「またがんばろう！」
人を立ち直らせるスマートなやり方

とどめを刺してはいけません

人を追いつめてはいけません。

「ごめんなさい」と頭を下げているのに、

「謝ってすむと思ってるのか！」とびびらせたり。

「もうしません」と言ってるのに、

「信じられんな。だいたいな……」とねちねち小言を言い続ける、などです。

相手の失敗やまちがいに腹の虫がおさまらない。そんなこともあるでしょう。

ですが、言うだけ言ったら後はさっと引きましょう。

その方がスマートだし、時間を置くことでかえって「悪かったな」と反省できることもあります。とどめはいらないんです。

救命講習会に参加したときのこと。

「ダミー君」という人形を使って、一人ずつ人工呼吸の演習をすることになりました。

見本は見せてもらいましたが、初めてだし、みんな見てるし、ダミー君怖いし。

かちんこちんの、右手右足同時進行で前に出ました。

まずは話しかけだな。

「大丈夫ですか?」

返事がないな。人形だしな。

そしたら次は気道確保、左手であごをグッと上げる……と。

バギ!

おーっと、やらかしました。うなじ90度後ろ反りです。

「今、首の骨が折れましたね」

すぐさまチェックが入りました。

どぎまぎ、どぎまぎ、ダミーでよかった!

心臓ばくばくのまま、いよいよ人工呼吸です。まずは右手を額に、と。

ですが人間、あわてると何をしでかすかわかりません。額に置くはずの手で、鼻と口をがばっ! 覆ってしまいました。人工呼吸を意識しすぎて口元ばかり見ていたからでしょう。これでは窒息。救助に来たのにおだぶつです。

またもチェックが入りました。

「とどめを刺さないでください」

残そう逃げ道＋空気穴

誰かのヘマも同じこと、追いうちをかけてはいけません。
勇気を出しておわびしたのに、怒鳴られたらどうでしょう。
浅漬けが漬かるまで、くどくど言われたらどうでしょう。
次から隠すかもしれません。
「よく話してくれた」と、
「今度は気を付けような」と許してください。

ミスにとどめは不要です。
立ち上がれなくなります。

第四章

世の半分は女子だから

「あの新人君、感じいいよね」
女子の好感度を50%アップする秘策

白目は白くあれ

女性がたまに言うセリフがあります。それは、

「あの人、生理的に受け付けない」

君にもそんな人がいませんか？　そうそう、頭に浮かんだその人です。

うまく言葉にできないけど、瞳孔全開の浮世絵目とか、口端糸引くねばっこトークとか。母ちゃんのサークルにもいるの、鼻毛も耳毛も出てる人。トータルでかもし出す何かがもうだめなのよね。

女と男が半々の世の中、女子に敬遠されたらキビシイよ。そんな人って一部にうとまれるんじゃなく、ほぼ全員をカバーしてるから。

女子に受け入れられるためには、まず見た目！

確かに人間、中身が大事。それはわかる。けどさ、「ボタン取れたから付けて」って言われたのが出川哲朗なら「自分でやれ」だけど、羽生結弦なら「喜んで！」だもん。やっぱ見た目も重要よ。中を変えるよりよっぽど手っ取り早いしね。

女子に好かれるには清潔感がマストです。そのためには、
白目は白く　毛は短く！

白くあるべきところは徹底的に白くしてください。

白目が赤ならスマホ時間を減らす、いっぱい寝る、目薬さす。

黄色ならほうれん草や青汁で肝臓強化。それでもだめなら医者に行け。

歯は朝晩磨いて、時々ホワイトニング。

かぶせるのは金じゃなく、銀でもなくてセラミック。

靴下にはうたまろせっけん、シャツの襟には専用洗剤。襟に貼る汚れガードテープってのもあるらしい。以上が白。

次、毛。

眉毛、鼻毛、耳毛は短くし、本来収まるべきところに収納する。

胸毛もすね毛もはみ出し禁止。ヒゲが合うのはサンタとやぎ、若いうちは毎日そる。ついでに爪も後ろ髪もカット。

これで好感度50％アップ！　先輩達にかわいがられる年下の男の子になれます。

白目は白く　毛は短く！

「この人と話してみたい」
女子が食いつく必殺ワザ

フックをかける自己紹介

相手の心にグイッと食い込む自己紹介、したくありませんか？

それができれば、記憶に残る、話のきっかけができる、新しい場に早くなじめる、といいことづくめです。

これは母ちゃんがよくやるパターンです。どちらが印象に残るでしょう。

「秋田出身、若松亜紀です」

「秋田のあきちゃん、若松亜紀です」

前のは印象薄いです。竹の溝をすべるそうめんくらい流れていきます。

後のだと生まれも名前も一発で覚えてもらえます。

これは駅ナカで売り子をしていた頃、名札を見た県外のお客様から「お、秋田のあきちゃん、覚えやすいね」と言われてひらめきました。

子どもの頃はあんまり好きじゃなかったのよ。電車のトイレから出たらドアに「あき」って書いてるでしょ。あれ見て「なぜ名前がわかるんだ？　電車のトイレってすごいな。けど消えてくれ」とあせったんだもん。んでばあちゃんがトイレ入るときについていって「せつこ」になるか見てたっけ。

あ、話を戻します。自己紹介にはコツがあります。ぜひ心に刺さるＰＲをしてください。それには次の3つです。

・意外性
・相手好みのネタ
・目そらし

まずは「意外性」。これが強力な武器になります。

広瀬すずみたいなきれいな子が「休日はエステで磨いています」と言ったら「まんまや～ん」です。けど「休日は牛にまたがりロデオしてます」だったら？　脳みそに焼き付きますよね。ギャップは脳に刻まれるんです。

筋肉マッチョな男子なら「ハムスターのハーちゃんと遊ぶのが趣味です」、柳みたいに細い子なら「脱いだらすごいんですが脱ぎません」など。

君の「ダイ、小学4年生、独身です！」もすばらしいズレでした。

次。相手好みのネタを入れます。相手が女性なら女ウケする話題を、です。食べ物や美容など女子が興味ありそうなことをちょっと加える、それだけです。

「チーズケーキはレア派ですか、ベイクド派ですか。ぼくはベイクド派です」

「レモンパックをするとヒリヒリします。何パックがおすすめですか」

すると後で話しかけてもらえることうけあいです。


最後に緊張対策です。緊張するのは、自分に視線が集まるからです。それには♪ファソラシ〜ならぬ♫目そらし〜です。見せるものを用意して、そちらに視線を向けさせます。やりようによってはポイント3つを一気にクリアできます。


さあ、ポケットからブツを取り出し言いましょう。

「実は、ハンカチがキティちゃんです！」

フック、かかりまくりです。

鉄板ネタをひとつ持て！

男子のそれとは違います
女子が喜ぶ会話のルール

磨け！　女子トーク

仕事でもプライベートでも、誰かと仲良くなるのに雑談は欠かせません。

それは自転車なら油、スノボならワックス、その場や人間関係を絹ごし豆腐のごとくなめらかにします。

その際には覚えておいて。雑談には女子には女子の好む型があり、男子には男子が好む型があるってことを。

女子のトークは団体競技、アーティスティックスイミング並みです。最重要は協調・共感・一体感。自分の意見を引っ込めても「だよね〜」と連帯していたい。そこには結論も着地点もいりません。

対して、男子のトークは単独競技。ボクシングみたいなもんです。重要なのは問題解決。「オレはこう」「結局どうよ」と白黒はっきりさせたがる。反対意見も大歓迎、平行線でいいんです。

誰かが旅の土産に、ご当地キャラ付き温泉饅頭を買ってきたとします。

女子は言います。「わ〜、かわいい！」「ありがとう！」「ひとつ、いただくね」

男子は言います。「温泉饅頭か、あるあるだよな」「今度から個装のにして」

波風立ちまくりです。

せっかくチェーンに油をさしても、男子はタイヤに枝を突っ込みやがる。

「今朝の占い、ふたご座が最高だった！」

「僕は占いは信じない。そんなものに人生ゆだねるやつの気が知れない」とかさ。

雑談なんです、それはディベートでやってください。


女子との会話のオキテ。
・「いいね」「そうだね」「かわいいね」と共感
・8割聞いて、2割しゃべる
・意見は求められたときにサラッと
共感しながら8割聞いてりゃ「あなたと話すと楽しい」と言われる、それって
ラクだと思わない？
雑談を制する者が女子を制します。

雑談は力なり

ちょっと調べりゃざっくざく
年上姉さんと話がはずむ秘密兵器

雑学より年表

社会に出ると、10も20も年上の人と話す機会が出てきます。仕事のことならいざ知らず、休憩時間ともなると「何話そう?」と困りませんか。特にそれが女性だと。

それなら雑学より年表です。

世の中、雑学を仕入れる人はたくさんいます。特に男子。

知り合いにも「歩く雑学辞典」と呼ばれる男性がいます。

「ロシアの大統領・プーチンに贈った秋田犬の名前は『ゆめ』だ」とか、「100メートル四方の土地にはミミズが300万匹いる」とか。

あんまり物知りなんで「なんでそんなに知ってるの?」と聞いたら、「子ども新聞を取っている」とのことでした。へー。

ところがです。女子の反応はいまいちです。「またか」って感じです。

なぜなら、人が興味を持つのは「自分に関係あること」だからです。プーチンが父さんならいいかもしれませんが、私の父さん、寿《ひさし》です。

そこで重宝するのが年表です。社会科の副読本なんかで配られませんでした?

1952年日本初のテレビ発売、1958年東京タワー完成などが載っているアレです。学校で使うのは歴史関連が主ですが、「年代別」「流行」などで検索するといろんなのが出てきます。ひまなときに相手の青春時代のそれを眺めておいて、話が途切れたら、なにげに話題を振りましょう。

「やっぱり佐藤さんも学生時代はミスチルとか聴いたんですか?」とか、「今タピオカが流行ってますけど、ティラミスが人気だったんですよね」とかね。するとと喜んで答えてくれます。

母ちゃんも君にわかってもらって嬉しかったよ。

「母ちゃんね、若い頃、聖子ちゃんカットだったんだ」

「あ、その人知ってる!」

「え、知ってるの? さっすが物知りさん!」

「うん、歴史の本に載ってた」

それ年表だから! 歴史の本に聖子ちゃん載ってないから。

歴史、昔、過去、それから「昭和の人」や「前世紀の人」もやめてくれ。いたく歳を感じます。

会話して「楽しかった！」と思うのは、たくさんしゃべった人です。そのためにも相手を主役にするといい。その点でも雑学より年表が勝っています。
雑学↓誰にも関係ない内容、話すのは自分
年表↓相手に関係ある内容、話すのは相手
年表を見ると姉さんたちと話すネタがざくざく見つかり、掃いて捨てるほど話してもらえます。
「何話そう」と思うと気が重いけど、「何聞こう」だと、お気楽です。
年表でひとつ抜け出せます。

「昭和かよ」君も今には「え、平成!?」

「この人と結婚したい」
女が見ている意外なキメテ

女は飯屋で夫を選ぶ

君の姉ちゃんに「結婚相手を選ぶポイント」をいくつか伝えてあります。

これから結婚する男の君も、頭の隅っこに入れといてください。

真っ先に言ったのが「結婚した後も優しい人を選ぶんだよ」。

だって赤ん坊のときから大事に育てた姉ちゃんです。朝も昼もなく2〜3時間おきに授乳し、「私は24時間営業のコンビニかい！」と叫びつつ愛した姉ちゃんです。その子をゾンザイに扱う男など言語道断！　DVなんてもってのほか、手間暇かけたごはんにケチつけるやつも論外です。


姉ちゃんは答えました。

「うん、わかった。けどさ、結婚した『後』どうなるかなんて、前もってはわからないよね」と。

これに関していい手があります。母ちゃんのアドバイスはこうでした。

「一緒にごはんを食べに行ってごらん。レストランでもいいし居酒屋でもいい」

「なんで？」

「そのとき、相手が店員にどんな態度をとるか、それを見ればわかる。

自分より下だと思って、『水！』とかぶっきらぼうに言う人もいるよね。反対に、『水ください』ってきちんと言う人もいるよね」

「あー、いるいる」

「それが結婚した『後』あなたに取る態度」

「へ⁉」


そうなんです。学生の頃、学校近くの喫茶店でバイトしていて気づきました。お客さんの中にはウエイトレスを見下す人もいます。そんな人は「注文まだ？」「遅いよ！」といらつき、あげくの果てに会計時、お金をぽいっと投げてよこします。なんてヤロウだと思いました。

その札投げおやじ、奥さんと来たときは「早く食え、グズ」と苦々しく言っていました。大勢の前では「寒くなってまいりました。一人暮らしの学生さんも、温かい食事をお召し上がりください」なんて言ってる大学教授です。


慣れた人、自分より格下だと思う人には上から目線になる人がいます。

奥さん選びも同じこと

外目には立派に見えても、付き合い始めは親切でも、です。
そんな人は店員さんへの接し方で見当がつきます。お酒が入るとなおさらです。
結婚相手を選ぶポイント
その１「店員に丁寧な人と結婚せよ」。
君の言動、見られてます。
誰にでもジェントルマン、ですぞ。

尊敬できる友を持て
尊敬できる妻を持て

染まる「朱」を見極めろ

姉に伝えた結婚相手を選ぶポイント

その2「よき友のいる人と結婚せよ」。

朱に交わればしゅらしゅしゅしゅしゅと言う通り、人は付き合う人や周囲の環境にカメレオンのごとく染まります。

「25時集合な」と夜遊びにふける仲間もいます。

「一緒に合格しようね」と高め合う仲間もいます。

学生時代に見た、男子4人グループもしゅらしゅしゅしゅしゅでした。

バイクが好きで、シルバーピアスでちょっとナンパ。全員彼女持ちの彼ら。

あるとき、学食で焼肉定食を食べていると、大きな声で話し始めました。

「おととい、女の子と泊まり行ってきた」

「へ～、彼女喜んだっしょ」

「ユリじゃないよ、合コンで知り合った子」

ぎょぎょ！　豚肉をぼろり落としかけました。

けれどほかの3名「へ～、どんな子？」「なんて誘ったの？」とのんびりしたもん。なんというか「そんな話は慣れっこです」みたいな雰囲気です。

しかし！　そこにジャジャ〜ン、「ユリ」さん登場!!

「ひろし、おとといからどうしたの？　電話しても出ないから心配したよ」

（家の固定電話しかない時代、最先端はポケベル）

まずい！　ばれる、っつーか、ばれても知らんがここでシュラバになると消化に悪い！

関係ないのに身構える私。すると男たちが平然と口を開きました。

「わり〜、ひろし借りてたわ」

「そうそう、天気よかったろ？　急に『走り行くべ』ってことになって」

「長野まで飛ばして、親父の別荘泊まって来た」

「そっか、なら仕方ないね」とユリさん。おーい。キミたちウソつきだな。それがまた、打ち合わせなしでシレッと出てくる。こりゃ常習犯だな。

きっと彼らは誰が悪さをしてもかばい合い、大切な人を裏切るのでしょう。

このことがあって母ちゃんも、結婚する前、父ちゃんの友人を観察しました。

父ちゃんの親友Tさんは、まじめだけどユーモアもある人。ごはんを食べに行くと席もメニューも人が先。話し声が大きくなると「し～っ」と注意もします。すし屋では、びんちょうを頼んでかんぴょう巻きが来たのに「はい、喜んで！」と職人のマネして受け取ってました。そんな友だちがいる父ちゃんだから結婚したんだ（ナイショ）。

尊敬できる友を持ちなさい。
その人に染まりなさい。
そうして君も、いい友人のいる女性と人生を歩くんだよ。

君は友だちでできている

自立オトコはかっこいい！
一人で生きて、二人で生きよ

家を出ろ

姉に伝えた結婚相手を選ぶポイント

その3は「一人暮らし経験者を選べ」。

これには「だんなに掃除や洗濯など生活スキルがあると便利」という実用的な意味合いもあります。けれどそれ以上に重要なことがあります。

一人で暮らした男は、「精神的に独り立ちしている！」からです。ここ大事！

ママたちが集まると、だんなの話になることが多々あります。その際子育てサロンをやっている母ちゃんは、次のセリフを非常〜〜〜〜にたくさん聞きます。

それは「うちには、大きい子どもがもう一人いる」。

使えば使いっぱなし、脱げば脱ぎっぱなしで、子どもと同じなんだって。

「詰めが甘い」「いいとこ取り」もよくよく聞こえてきます。

「料理はするけど、片付けはしない」

「おしっこおむつは取り替えるけど、うんちは替えない」

「赤ちゃんが泣けばバトンタッチ。あんたも親だろ」などです。

無理もありません、家にいるとめんどうなことは最終的に母親がやってくれたからです。

だから頭がこうなっています。

「子どもの頃は母任せ。結婚したら妻任せ。やっかいごとは人任せ」

実際、皆さんのだんなさんが「母親にしてもらっていたこと」談義は驚き桃の木のオンパレードです。一部紹介します。
・ごはんをふ〜ふ〜して冷ましてもらう
・納豆に塩をまぜてもらう
・魚の骨、スイカの種、みかんのスジを取ってもらう
・風呂上がりに着るものはパンツ↓パジャマズボン…と順に並んでいる
・髪は母親に洗ってもらう
これ大人になってからもですよ、奥さん！　そしてこの仕事は結婚すると同時に、妻に移行されます。自分の毛くらい自分で洗えよ、おい。

姉ちゃんに一人暮らし経験者を推すのは、これが理由です。

君も一度は家を出て、単品で生きてごらん。すると精神的に自立するから。
出られない男子は機会を見つけてどこかにホームステイする。
金のかからぬ一人旅などするといい。
それが自分のカタを自分でつける訓練になるよ。
独り立ちには、一人暮らしがよく効きます。

あふれ出す 母への感謝と 洗い物（ピン暮らし）

できちゃった結婚
女性の親は男をこう見る

「でき婚」に空手チョップ!

できちゃった結婚を、親はどう見るか問題です。

結論からして母ちゃんは「でき婚」反対派です。

これは特に、女性の親を敵に回します。

芸能人は悪びれず言います。「順番が逆になりました〜」

逆になったらまずいでしょ。ズボンの上からパンツはいたら大変よ。ってか変態よ？　それで「せっかくできた命を守りたい」だなんて「せっかくはいたからこのまま出かけたい」と言ってるようなもん。守るのは順番からにしてください。


母ちゃんには娘もいるので、娘の親の立場でシミュレーションします。

相手の男が「子どもができたから結婚したい」と来たらどうでしょう。

いい度胸してるじゃないかと思います、悪い意味で。

印象？　マイナスです。ちょっとやそっとじゃありません、200点減点です。

「娘はやらん！　『できちゃった、結婚させて』だと？　できなきゃしないのか！」

そうすごんでやります、心の中で（↑よわ）。

行きあたりばったりな感じがして気に入らないんです、「当たり出たからアイスと換えて」みたいでさ。

大事に大事に育てた娘です。大金も名声もなくていい、何よりも誠意ある人と一緒になってほしい。

女にとって結婚は、男よりずっと重みがあります。結婚すると姓が変わるのはまだまだ女性です。長男なら相手の戸籍になるし、死んだら墓にも入ります。それだけの覚悟をもって嫁ぐのです。

うまくいかない日も、思い通りにならないこともあるでしょう。

泣きたいときも、苦しいときもあるでしょう。

そんな娘の一生を託せるのは?

それはやっぱり「誠実な人」、それにつきます。まちがいは正してくれ、つらいときは味方してくれ、「大丈夫、オレがついてる」と支えてくれる。そんな男性を切に切に希望します。

今まで一番誠意を感じた人、それはお笑い芸人「ねじ」のお二人です。

母ちゃんが司会した地域イベントに、お二人がゲストで来てくれたときのこと。

舞台上、「アニメの名シーンを秋田弁でコント」の前、ちらり話題を振りました。

「うちの息子、春からお二人の母校、金足農業高校に入るんです」（のちに甲子園第１００回大会、決勝で大阪桐蔭と戦い準優勝する学校です♡）

「え！　もしかしておたくの息子、ばかですか？」

「え！　なんで知ってるんですか⁉」で客席は大笑い。その後も「りんごを盗むと停学になる」「ナシを盗むと退学になる」など金農ネタで盛り上がりました。

出番が終わり拍手で退場。その後数分して母ちゃんも舞台袖に引っ込むと……。

なんとびっくり！　忙しいはずのねじのお二人が待っていたのです。そしてさっきまでとは打って変わって真剣な表情で、がばっと頭を下げました。

「先ほどは大変失礼なことを言いました。申し訳ありませんでした！」

驚きました。驚きすぎて「なんもです～」しか言えませんでした。が、なんて立派なんだろう、なんて紳士な態度なんだろうと、胸がいっぱいになりました。

ひるがえって、でき婚男。そいつには全く誠実さを感じないでしょう。

できたからアイスと換えろ、いや結婚させろだああ!? こいつめ、出鼻からくじきやがって。おまえ、順番も守れんのか。その前に常識ないだろーーーー!

そう疑ってしまいます。

だって親には、その人を判断する材料が少ないんだもん。

結婚は一生もの。相手の両親、兄弟姉妹親族とも長い長いお付き合いが始まります。そのスタートからこけたら挽回は難しいんで。みんなに受け入れられて良い関係を築くためにも、出だしはカンジンかなめです。

ハッピーから始めよう

結婚は、気持ちがあってするものです。子どもができてするものではありません。

結婚が先、子どもは後。

パンツが先、ズボンが後。

順番は、地味に大事です。

「♪早く帰ってゆっくりしよ」
そんな家庭を手に入れるには

帰りたくなる家の作り方

帰りたくなる家。それはポジティブ空気が流れる家です。暖かな光がともり、家族が出迎えてくれる。そんな家なら「さっさと仕事終わらせて帰ろ」となります。

以前、同窓会で男性陣が話していました。

A男「うちの娘、オレが『ただいま〜』って帰ると走って来るんだよ」

B男「かわいいな〜」

A男「けどな、チュウすると拭くんだ」

B男「つらいな〜」

C男「うちの娘も走って来るぜ」

A男「おまえんとこもか。かわいいな〜」

C男「ファブリーズかけにな」

その後、彼らが幸せな家庭生活を送っていることを願ってやみません。

どうしてファブリーズされるか?

それは「まずいとこ」「できないこと」つまりは欠点にフォーカスするからです。だからパパが元気に帰宅したことより「くさい」が先にきてしまう。

なぜか。テストって百点満点でそこから間違った分を引くでしょ。そんな減点法で育ったうちらは、欠点を探す習慣が身についています。だから奥さんにも「くさい」「うざい」「あんたが入った風呂、変なダシが出てる」とか言われます。この男らも娘さんへのチュウはさて置き、拭かれることを嘆いています。

このように互いに悪いところを見つけ合うと、居心地の悪い家になります。ということはだ。その逆をいけばいいってことです。家族みんなが「いいところにフォーカスする」。そんなクセを付けたらいいんです。

そのために母ちゃんは毎晩布団に入ると、幼い君たちと「♪今日のいいこと、さ・が・し！」をしていました。「お砂でお山つくった」「父ちゃんの給料日だった」など口々にしゃべり倒して「おやすみ〜！」と眠りにつく。すると、寝ても覚めても幸せでした。あれで少しは前向きになったかな。

いいこと探しのヒントは高校の同級生、ちいちゃんがくれました。

ちいちゃんはランニング中、信号が赤になってやむなく止まると「トップで走り出せる！」だし、クモの巣に顔がかかると「ゴール！」と来る。オセロの黒をパッと白に返すように、マイナスをくるり裏返します。そんなちいちゃんに、いつも人が吸い寄せられていました。

自転車こいでの帰り道に「なんでそんなにポジティブなの」と聞いてみました。するとちいちゃん、髪をなびかせにっこりした後、前に向き直って言ったんだ。「うちのママ、帰ると『今日、何が楽しかった?』って必ず聞くの。それで楽しいことを見つけるクセがついた。算数やってても休み時間も、何するときも『楽しいことは?』って探すの。だって教えなきゃいけないから」

そうやってちいちゃんはプラスにピントをあて、そうでないことは喜びに変える脳内訓練をしていたのです。これならファブリーズされても「オレを無味無臭にしてくれている!」と歓喜の舞を踊れそう。ちいちゃんのお母さんに座布団3枚!

帰りたくなる家は、「いいこと探し」でかないます。

「♪今日のいいことさ・が・し!」

第五章 健康週間より健康習慣

むかつく、イラつく、腹立たしい！
暴れるココロを価値あるものに転じる法

ストレスはこうしてジャンプ！

社会に出ると、思い通りにならないことがたくさんあります。出社して初めて「夜勤があったのか！」と気づいたり（友人の息子）。今夜ライブがあるのにお客様に呼び出されたり、などなど。ストレスがたまって叫びたくなることもあるでしょう。腹が立って手が上がりそうになることもあるでしょう。けれど覚えていてください。暴力・暴言は何も生みません。

ではどうするか。こんなときは無敵の代替え作戦です！

「代わりになる」「有益な」行動をする、それだけです。この作戦、幼稚園で働いていた頃の先輩がやっていました。その方、子どもがまずいことをするとサッと代案を示します。壁や棚をたたいている子には、太鼓を差し出し「これならたたいていいよ」。ままごと道具を投げている子にボールを持たせて「こっち投げてごらん」と。するとその子は「そうか」とすんなり、そちらに移ります。

このとき、「やめなさい」だと、どうでしょう？

やめません。「たたきたい」「投げたい」気持ちがくすぶるからです。

ちょっと話を変えます。なぜ人は仕事や恋人とうまくいかないと、やけ酒ややけ食いをするのでしょう。

あれも代替え行為です。仕事や恋人を征服したい。でも、できない。

ですが、お酒や食べ物は思い通りになります。だから人や仕事の代わりに、チューハイやポテチを「征服」して満足するんです。母ちゃんも君が小さい頃はしょっちゅうでしたよ、ええ。

だから代わりのものは、欲求を満たすものがいい。

叫びたいなら、叫びたい気持ちを満たせるものを。

殴りたいなら、殴りたい気持ちを満たせるものを。

このとき心にとめてほしいのが、先に言った「有益な」です。人を殴る代わりに壁を殴っても、修理に5万円かかるのは君も知っての通りです。「無益な」ものは自分も財布も苦しめます。あれ、出世払いね。
代わりになる行為は意味のあるものにしてください。
握ったこぶしが下ろせない。そんなときは、
・サンドバッグをたたいて健康増進
・小麦粉に水を入れてうどんをこねる
・バナナのたたき売りにチャレンジ
なんていかがでしょう。

イライラは代替え作戦で流しましょう。

ピザもできるよ

人は動物
直感にビンカンであれ

賞味期限を気にするな

賞味期限は「おいしく食べられる期限」です。

1日2日過ぎたからって突然まずくはならないし、ぽっくり死んだりもしません。ばあちゃんから「ちょっと過ぎてるけど、冷蔵庫に入れてたから大丈夫」ともらったようかんも完食できました。半年経過していました。

生ものだったら早いに越したことはありません。けど、レトルト、缶詰、乾きもの。その手のものは気にすんな。男なら「ちょっとのキンくらい消化してやる！」くらいの意気込みでいなさい。なぜならまだイケるかどうかを、だんなに食べさせ、試す妻がいるからです（私か）。

そのためにも胃袋を鍛えなさい。期限が過ぎたって、手が洗えなくたって、落ちたって少々のことなら食べる！　その積み重ねで鍛えられます。

食べてダメなら下から出す。それを健康体といいます。除菌を徹底するよりも、出せる体にしておけば安心です。「これ、賞味期限が昨日だったから捨てるよ～」なんて言う男は軟弱です。食品の前に自分が捨てられます。

必要なのは、食べられるかどうかを舌や鼻で察知する能力です。

子どもがなぜピーマンを嫌うか知っていますか。

それは「苦い＝毒」という本能が働くからだそうです。

酢の物や梅干など、酸っぱいものも苦手でしょう？

それは「酸っぱい＝腐敗物」とインプットされているからだそうです。

パッケージに印刷された日付けより、従うべきはそんな自分の感覚＝危険探知センサーです。それが敏感なら、無人島に流れ着いても食べられるものを見極められます。大切な人にも「こっちの草はいいけど、そっちのキノコはやめておけ」と教えられます。それこそが「家族を守る」ってことです。


なんだかんだ言っても、人は動物。

感覚は使わないと鈍り、使うほど鋭くなります。

奥さんに出された物は五感で嗅ぎ分け、平然と生きのびるんだよ。

日付けより感覚

身体は食べたもので作られる
脱！　カップ麺・スナック・砂糖水

ジャンク人間はNo good

身体は食べたもので作られます。

君が口にする飲み物・食べ物は、消化され排出されて「無」になるのではありません。細胞を作る大事な大事な「素」になります。

胃などの粘膜系は約3日、お肌や髪は30日、筋肉も早いとそのくらい、遅いものでも200日くらいで入れ替わるんだって。

だから「何を食べるか」イコール「自分を何で作るか」ってことです。

想像してみて。

カップ麺・スナック・清涼飲料、そんなジャンクフード漬けのピカチュウとお米・果物・魚介類など、とれたて新鮮！　産地直送！　好きのピカチュウどちらが毛並みがよさそうですか。輝く白目をしてそうですか（あれ？　ピカチュウ白目あったっけ）。それはやっぱり後者でしょう。

学生時代の母ちゃんは、何でできてたと思う？　豚です。

一人暮らしの頃、作るのは「豚肉のにんにく炒め」オンリー。なぜって大好きだったからです。豚バラの脂身が白くへロンとしたたとことかさ、にんにくを炒めるつんつんした香りとかさ♡書いてるだけでよだれがたれます、やべ～やべ～。野菜は苦手で、あとはご飯のみ。

バイトの日はまかないが出ました。その日は愛しの豚バラとはしばしお別れ、「ポークソティ」をいただきました。4年間ずっとです。初日に「何が好き?」って聞かれ、「豚肉」って答えたからな～。

かくして母ちゃんの身体はメイド　オブ　トン！　豚人間でした。

だからチャリ旅に出た君が「何食べた?」に「朝マック、昼は抜かして、夜マック」と答えてもエラソーなことは言えません。

気が変わりました、やっぱ言っておきます。

君たちがお腹に宿ったころから少しは勉強したのよ、これでも。生まれてくる子をトン漬けにしちゃいけないんでね。だから聞いとけ。

ジャンク人間になるなよ。

カップラーメンやスナックは、ごはん代わりになりません。

菓子パンはパンだからいいだろって言うけど、それ幻想だから。あれ、パンじゃなくて菓子だから。ドーナツの親戚なんて「食事」と呼ぶには程遠い。パンケーキにいたってはパンかケーキかはっきりしろって感じです。

それから飲み物。水分でカロリーとることありません。ライザップでも「糖質の入ったものは飲むな」と指導します。

覚えてる？　保健室の前に貼ってあった「歯が溶ける」新聞。実際、窓辺に歯入りコーラが置いてあってさ、溶けるかどうかよりもその歯が怖かったね。

「誰の歯だ⁉」

「先生のか⁉」

「動物の骨かもしれない！」

別な物議をかもしてました。

コーラやサイダーは200㎖にスティックシュガーが7本入っています（一本3グラム換算）。乳酸菌飲料には12本も入っています。違う意味で豚になります。

じゃあ何を口にするか。

外食なら皿数の多いものを選んでください。給食のイメージです。

ハンバーガーより、みそ汁や小鉢の付いた豚肉定食みたいなね。持ち帰って食べる中食だったら、使っている品数の多いものを。素うどんよりも鍋焼きうどん、フライドポテトより肉じゃがね。信頼できるお店を見つけておくと、君の代わりに栄養を考えてくれます。飲み物は水や茶でよし。うちらは水道水がそのまま飲める幸せな国に住んでいます。ありがたくいただきましょう。

その身体、何で作る？

保健室に来た子に先生が尋ねました。

「食欲はありますか？」

「おかずによります！」

美しい食べ物で、美しい筋肉になあれ！

日本人なら米食べて
日本人ならおみそ汁

なにはなくても米とみそ

家にどんな食材をストックするか。

それはダンゼン、米とみそ！

食の基本は「ごはんとみそ汁」、これが日本の黄金コンビ。「カタカナ食」より「ひらがな食」と覚えてください。

「朝はパンにしよ」という人も多いよね。

学生時代、弓道部の合宿で朝食にロールパンが出ました。そしたら先輩が吠えたのよ、「パンは空気でできている。100個食っても足しにならん！」。

ほんとにパンって空気がいっぱい。ご飯は握るとおにぎりになるけど、ロールパンはぺっちゃんこ、ビー玉くらいです。昼になる前に腹がなります。


では「ごはんとみそ汁」の良さは何か。
①完全食である
②粒食である
③ながら食いができる
など多々あります。

まずは①。大ベストセラー『粗食のすゝめ』の著者・幕内秀夫さん。彼は「FOODは風土。稲作文化の日本人の体に合うのは、やっぱりごはんだよ」と言っています。「ごはんとみそ汁だけで8割がた栄養が取れる」んだそうです。病気で食欲がないときにおかゆにするのも、それが回復させる力を持っているからなんだなぁ。玄米に近いほど栄養価が高いから、精米は5分づき程度でね。

ちなみにコンビニめしやコンビニおにぎり、あれは油を入れて炊いています。だからあんなにツヤピカなのさ。母ちゃんもコンビニめしになりたいぞ。

ムダな油や添加物は体に不要です。その点、パックごはんは優秀です。ちゃんとしたのは水だけで炊いています。常温保存できて重宝します。

次、②。早食いはデブのモトって聞くでしょ。あれ、脳に腹一杯信号が達する前にどんどん口に入れちゃうからなんだって。ゆっくりかむとその間に伝わり、ちょうどいいとこで箸を置けます。そこからしても粉食ものより、粒粒ごはんがいいわけだ。みそ汁の具もかむしね。

それから③、なんたっておにぎりは便利です。作るのもラクなら食べるのもラク。車での移動中、片手でいけます。そんなときは感動の涙がこぼれます。

「イタリア人じゃなくてよかった！　スパゲティ食べながらは運転できん！」

多少話がずれましたが、以上の理由で主食はごはんです。

これだけ書いてもカタカナ食は手軽だし、母ちゃんもカレーパンが好きです。

けれど桃太郎もきびだんごじゃなく、ホットドッグをぶらさげていたらどうでしょう。力が出たでしょうか（きびも穀物の粒食）。

「♪お腰につけた〜ホットドッグ〜」だと歌いにくいし、犬にいたっては「熱犬とはけしからん！」と直訳し、鬼じゃなく桃太郎と戦ったかもしれません。

もっと話がずれましたが、パンやパスタなどのカタカナ食はたまのお楽しみってことで。

基本は「ごはんとおみそ汁」。ひらがな食で健康体を目指しましょう。

ライフ　オブ　ライス

なぜ「寝る」は「横になる」なのか

突然ですが、質問です。

胃袋など、内臓の疲れを取るにはどうしたらいいでしょう。

「暴飲暴食を避ける」

「就寝3時間前までに食事をすませる」

「プチ断食」。いろいろありそうです。

ですが、もっとラクな方法があります。

それは「横に寝る」です！　簡単すぎて、膝かっくんです。


座ったまま寝ても休まらないのは授業中に経験しました。ましてやつり革につかまったまま寝ても、一瞬夢の世界にワープするだけ。疲労なんてミジンコほども消えません。

高速バスも全然だよね。母ちゃんも東京⇕秋田で何度か乗ったけど、腰痛《こしいた》いっつーの。寝た気しないいっつーの。隣のおばちゃん、夜中に菓子袋ガサガサするなっつーの。

あれ、シートが倒せるとうたってはいるけど、どうしたって角度があるからものすごい違和感です。おばちゃん目がけて寝返りもできないしさ。

疲れを取るには、夜昼なく働いてくれる内臓さんも休養させるのがポイント。それに効果を発揮するのが「横になって寝る」です。

なぜなら内臓ってのは体にぶら下がってるのね、サンドバッグみたいに。だからそれを休ませるには縦の内臓を横にする、下がってる状態から置かれた状態にしてやるといいんです。

猫もカンガルーも起きてるときは体も縦（?・）。そこはエサを食べたり戦ったりの活動時間です。んで、寝るときは寝そべって、いかにも「くつろいでます〜」って感じでしょ。それこそが内臓が「置かれ」、疲労をバンバン出しているときなんです。

寝ることを「横になる」と言うのには、ちゃ〜んと意味があったんですね。

できないことは言いません。「夜10時までに布団に入れ」とか「一日8時間は寝ろ」など口にしません。生活パターンは人それぞれ、三交代勤務や夜のお仕事もあるからね。

「横になる」には意味がある

睡眠に関しては「横に寝ろ」の一点です。すると数段、回復力がアップします。

母ちゃんの知り合いでよく金縛りにかかる子がいてね、かかる直前「あ、来る！」ってわかるんだって。

ある日「来る！」って瞬間にガバッと飛び起きたそうです。かかりたくなくて。

そしたら、どうなったと思う？

まずいことに、起き上がる途中で固まったそう。

「45度で10分間。きつかったわ～」


疲労回復には、フラット睡眠がよく効きます。

第六章

無敵の生き方

こんな君に
チャンスの女神は矢を放つ

動いて勝ち取れ

「犬も歩けば棒にあたる」

これは、出歩けば思わぬ幸運にめぐり合うという意味です。君も歩く人、動く人であってください。誰ですか、「果報は寝て待て」とささやくのは。

仕事は忙しい人に頼めと言います。そんな人は段取り組んでテキパキこなし、お願いしたことを効率よく仕上げてくれます。つまりはスピーディなんです。そうして量をこなした分経験値が上がり、ますます速く片づけるようになります。

想像してください。君はわんこそば屋の主人です。「楽しくて旨い！」と評判になりお店は大繁盛。そこで「はいどんどん」とそばを入れるバイトさんを雇うことにしました。さて、どの人を選びますか。

Ⓐ1分間に30回手首の返しが効く人
Ⓑ1分間に3回手首の返しが効く人
Ⓒ自分の口に「はいどんどん」する人

やはりⒶさんでしょう。卓球の張本選手がラケットをさばくがごとく、じゃんじゃんそばをついでいく。そのつぎっぷりを気に入り「ぜひ来てください」と頼むでしょう。動きは目にとまりやすいんです。

体育大学の先生がおもしろいことをおっしゃっていました。

「リーダーを選ぶときは全員を体育館に集めます。そして自分は2階のアリーナ席にいて『はい、歩いて』と声をかけるの。すると、即決まる。上から見てるとよくわかるの。ぐんぐん進んでいく者、人がどう動くか見ている者、『……え～』と言って誰かの後ろを歩く者。『なぜ付いて行くの？』と聞くと『どこを歩いたらいいかわからない』と答える。リーダーを任せるのは、先頭切って歩く学生。それは自分で決めて動ける証拠」

ほほ～。こんな話をすると「目ん玉を動かすのもめんどくさい」ともらす人がいます。コケがはえるんじゃないかと心配になります。そんな人は首だけでも動かすといい。その先生「うなずく人に向かって話す」とも言ってたので。

チャンスはスピード狂

チャンスも情報も、動く人にやってきます。

今だよな…
わかっちゃいるけど迷うなら

好機をものにする人・逃がす人

さあ、絶好の機会がやってきました！

そのときが肝心！　ぼ～っと生きてんじゃなく、すかさずつかんでください。

即断・即決。それこそが、狙ったエモノを手に入れる秘訣です。

君はそれができる人です。姉ちゃんはできない人でした。スーパーに行って「好きなおやつ、ひとつ買っていいよ」に、君はぱっとチョコを手にしました。姉ちゃんは毎度10分は迷っていました。その間、君の手の中では板チョコが生チョコになっていきました。思い悩む姉ちゃんが気の毒で「決められないってどんな感じ？」と聞いたことがあります。するとひと言、「楽しい」ですと。オンナだな。


母ちゃんも決断が苦手でしたが、ある友人の言葉で目が覚めました。

学生時代、友人が「2枚チケットがあるから行かない？」とゴスペルコンサートに誘ってくれました。母ちゃんは「2、3日考えさせて」と答えました。本当は用事があって行けないことは明白なのに、です。

なんというかな～、せっかく声をかけてもらったのにすぐに断るのは失礼な気がしたんです。すると友人が言いました。

「亜紀はその間迷っていればいいかもしれない。けどね、3日後に断られたら、私はまた誘う人を探すことになるの。わかるよね？」

「うん」

「亜紀が行けないってこの場でわかれば、私はすぐに次の人を誘える。コンサートは1週間後。3日待った後で声をかけた人も、その3日後の返事がNOだったらチケットはムダになるよね？」

「確かに」

「だから『今』決めて。すぐ決めるのは、相手のためでもある」

迷うふりしていい人を演じる。そんな善人づらが吹き飛んだ瞬間でした。

決めるのは、相手のため

即断・即決！　これで好機を活かせます。

ねばねばネバーギブアップ！
栄光はねばったもん勝ち

結果をもぎ取る人の特徴

優柔不断な姉ちゃんは、大人になりフレンチのコックになりました。包丁を取りに行った後、転職しようと目をつけたのは、日比谷にある「超」がつく人気フランス料理店。「予約が取れない」と有名なお店です。

母ちゃんが上京した際「どんなお店か、一度お客として行ってみよう」と、ネットの予約画面を開きました。あちゃ〜、×××のオンパレード。一か月先まで埋まっています。母ちゃん、あさって田舎に帰るんですけど〜。

あきらめきれず「外から雰囲気だけでも見てみよう」と二人で出かけました。着くとガラス戸には「本日予約でいっぱいです。またのお越しをお待ちしております」の張り紙が。他の人たちも「仕方ない」と帰っていきます。

「ま、来ただけえらいよね、私ら」

「うん、えらいえらい」

と自画自賛。

「中はどんな感じだろうね」とイベントのエアー人形みたいに伸びたり縮んだり、白カーテンの隙間から覗いていた、そのときです。

ぱちん！　スタッフと目が合いました。

そのスタッフさん、ちょうどこちらに向かって歩いて来た様子。そのままますいっとドアを押し開けた、その手に持っていたのは!!

「2名様入れます」

パンパカパ〜ン！　頭の中でくす玉が割れ、赤、青、黄色の紙吹雪と共に白鳩が飛び出しました。アドレナリン測定装置があったら、K点越えだったことでしょう。母ちゃん、選手宣誓のごとく右手をサッと挙げ、叫びました。

「入ります！」

「……それはよかった、貼る手間が省けました」

3週間後、姉ちゃんはそこで面接を受け「おもしろいお母さんと来てましたね」で一発採用となりました。でかしたぞ、姉！

結果をもぎ取るのは、あきらめの悪い人です。

ごちそうさまでした

強さを感動にまで高める
このエッセンス

正義＝強さ＋○しさ

君は力が付きました。

「トレーニング！」と言って母ちゃんを背負って階段をかけ上がります。腕相撲では母ちゃんの腕をへし折りそうな勢いです。もう太刀打ちできません。

メンタルだって強いよね。

父ちゃんと同じ職に就き、マツコもだまる十か月の訓練期間も乗りきりました。「いつもガンガン怒られる。それでやめた仲間もいる。けど僕は平気。高校の授業中いつも寝ていて怒られ慣れた。人生にムダはない！」と豪語します。

さて、その強さは、良くも悪くも使えます。ハサミが道具にも凶器にもなるのと一緒です。せっかくだからいい方向に活かしてほしい。そのためにどうするか？　テレビやネットなどで流れてたので知ってるかな、ヒントになる話を紹介します。

兵庫県のとある小学校。4年生のクラスに堤田君という男の子がいました。彼は内気ないじられキャラ。休み時間になると、力の強いいじめっこからプロレス技をかけられます。無抵抗な堤田君に、いじりは次第にエスカレート。

「まだまだ、こんなもんじゃないで」

プロレスは加速します。が、クラスメイトは見て見ぬふり。注意したら、今度は自分がターゲットにされるかもしれないからです。

ところがです。その子たちに切り込んだ男児がいました。同じクラスの田中君です。

「もうええやろ、やめたれや！」

そう言って堤田君を引き離し、「行こうぜ」とイヤなムードの教室から連れ出したのです。なんという勇気でしょう。なんという捨て身でしょう。

それだけではありません。その後田中君は、卒業するまで堤田君と一緒に過ごしてあげたとか。優しさあふれるこの行動、まるで正義の味方アンパンマンです。

さてこの田中君、下の名前を将大と言います。のちに大リーグのヤンキースで活躍する、あの田中将大さんです！

堤田君から話を聞いたお母さんは、田中将大さんの親御さんに会ったとき、お礼を言いました。するとこうおっしゃったそうです。

「そんなことがあったんですか。きっと息子は、それが正しいと思ったんでしょうね」と。

いじめっこも田中君も強さは持っていました。それは同じです。

けれどそこに何をプラスするか。それで言動は変わります。

いじめっこは強さに「いじり」や「からかい」を加えた。

田中君は「優しさ」を加えた。

そうか、強さとは優しさを振りかけたら「正しい」＝正義になるんだな。母ちゃんはひとり、ガッテンガッテン！　したのでした。

牛乳やコーラが入った重た〜い買い物袋をひょいっと持ってくれる。腰に来るドカ雪をスノーダンプでよせてくれる。そんな君はアンパンマン。

その強さ、いつも優しさとセットで使ってね。

能力は正しく活かせ

「この人の言葉は強い!」

そう思わせる体験のばか力

3次元に生きよ

今やネットやテレビ・ユーチューブではあふれるほどの情報が流れ、行った気、やった気、わかった気になります。これでグルメレポートが味付きだったらな♡ですが、それは気のせいです。実際は頭がでっかくなっただけ。

君にはそんな2次元ではなく、3次元の世界を生きてほしい。自分の目で見て耳で聞き、においを嗅いで、舌・肌で感じる。そんなリアルを日々実感してほしいと願います。

そのためには外に出て、人に自然に向き合ってください。遮光カーテンでさえぎった部屋で、ひとり画面と向き合うのではなく。

4月。学童保育の手伝いに行ったときのこと。年度が変わり、新一年生が加わっていました。その中に双子ちゃんがいました。顔なんてそっくりです。母ちゃんは名札を見ながら話しかけました。

「こんにちは。かえでちゃんは1組で、さつきちゃんは3組なんだ?」

すると二年生になった亮介君が言いました。

亮介「双子って同じクラスにならないんだよ」

私「へ～、先生が迷うから？」
亮「違うよ。自分たちの世界にまとまって友だちを作らなくなるからだよ」
私「あはは、難しいこと知ってるね。誰から聞いたの」
亮「ユーチューブ！」
私「へ……。なにで検索すればそんなの出るの。双子？　クラス？」
亮「都市伝説！」
　おーい、キミも画面小僧か～い。
ネットやワイドショーの言葉やコメント。そんな「借り物」を横流しする人間は薄っぺらいで。借りるのは運動会の借り物競争とコンビニのトイレくらいにしておきなさい。

そんな人間が増えている今、体験がよりモノをいいます。
言葉に力がある人には、共通点があります。
それは、自分の言葉で語れることです。
そんな人は間違いなく、現場で、五感で、自分自身で、その対象を味わっています。ラーメンだって雑誌で見るより、食べた方が語れるでしょ。

直に触れると、言葉に魂が宿ります。打ち上げ花火の「ど～ん！」が体の芯までじんじん響くのも、カブトムシが木ではなく地面に多くいることも、そこに行ったからわかったよね。

直接関わったことこそが、言葉に血肉を通わせるんです。


コピーは複製するたび画質が落ちます。

外に出て。

ナマの世界で生きて。

自分の体験で勝負しなさい。

「対・画面」より「対・顔面」

誰かが見ている！
信頼を勝ち取るたったひとつの方法

批判だけならサルでもできる

自分は動かず、口だけ動かす人がいます。

「暗い」とかね。

「寒い」とかね。

自分でなんとかしろや。

それならまだしも、動く人を批判する人間がいます。ラーメン作ってやったのに「麺かたい」とぶーぶーしたり、新しいことを始めた人の足を引っ張ったり。

母ちゃんは、そんなやからが嫌いです。それはもう、酢豚に入ってるパイナップルほどの嫌いさです。つまりは大っ嫌いなんだあああ！


君が生まれる前のこと、雪山で男の子が行方不明になりました。

家から裏の山に出かけて帰らないと110番があり、たくさんの人が捜索に出向きました。20代の父ちゃんもその一人でした。

我が家から現場までは、車を飛ばして2時間弱。冬道なのでもっとかかったかもしれません。その道のりを何十人もが通いました。

父ちゃんは朝の3時半起き。外はまだ真っ暗です。

日に日に疲れがたまっていく父ちゃんに、ある朝、聞きました。

「どうしてこんなに早く行くの？」

するとも父ちゃんは言いました。

「この冬だ、子どもはもう亡くなっているだろう。それはわかってる。わかってるけどさ、少しでも早く冷たい雪から出してやりたいだろ。だから明るくなったらすぐ捜索にかかれるよう、暗いうちに出るんだよ」と。

帰って来るのは、やはり炭のように暗い夜の8時過ぎです。

「今日も見つからなかった。でもね、本当にたくさんの人が、その子のために集まってくれている。地元の母さんたちも、みんなして公民館で炊き出しして待っててくれて。その豚汁がうまいんだよ。……ありがたいことだ」

父ちゃんは雪焼けで真っ赤になった顔で深く短い眠りに落ち、翌朝再び暗闇に出て行くのでした。


次の日。数人でごはんを食べているとお昼のニュースが入りました。

「いまだ手掛かりがありません」

すると、ひとりが吐き捨てるように言いました。

「何やってんだ、早く見つけろ！」

……え？　母ちゃんは箸で唐揚げをつまんだまま動けなくなりました。

ストーブの付いた部屋で、温かな食事を頬張《ほおば》りながら毒づく人。

極寒の中、崖から滑落する危険と隣り合わせで捜索《そうさく》する人。

どちらが貴いでしょう。

表に出ている一面しか見ない人は、こんなことを言うんだな。裏の大変さを知っているなら、または思いをはせるなら、こんな物言いはできないよな。

母ちゃんは、目の前で熱いみそ汁をすするその人を見つめました。

ただね、母ちゃんだって人のことは言えません。実際、想像力が足りずに高校時分「母さんの弁当、真っ茶色！」とケチつけていたし。

そのニュースの一件から「舞台裏まで想像しないと」と心に刻んだのでした。

結局、その子は残念な形で見つかりました。

その日、親御さんは捜索隊に向けて話したそうです。

「息子は帰らぬ人となりました。ですが、これだけたくさんの方々に連日連夜ご協力いただき感謝しかありません。本当にありがとうございました」

愛する息子さんを亡くしてなお、裏方で力を尽くした人々をねぎらう親御さん。母ちゃんは涙が止まりませんでした。

ココロと体、スイッチON！

動かすのは口ではありません。ココロと、そして体です。
電気をつける、暖房スイッチを入れる、カニカマで弁当に色を添える。
祈る、お金を送る、がんばる人をサポートする。
直接でも間接でも、できることは必ずあります。
それからね、動かすのは指でもありません。
ＳＮＳに文句ばっかり書きこむのも、テレビにケチつける人と一緒です。
批判だけならサルでもできます。自ら動く人になってください。

すっきり晴れ晴れ！
100%力を出せる素地の作り方

日の中を歩け

君がすっきりいられるのは、どんなときですか？
良い行いをしたとき。
やり残したことを終えたとき。
先延ばしにしていたことを片づけたときなど、
つまりは「気になることが『ない』」状態ではありませんか？
反対に、もやもや・びくびく・おどおどするのは、どんなときですか？
悪いことをしたとき。
モノやお金を盗んだとき。
隠し事がばれないかと心配なとき、などなど。
こちらは「気になることが『ある』」状態です。

これはどちらも自分の行為が生み出すこと、裏を返せばコントロール可能なことです。だから気になることが「ない」状態を意識してキープすれば、すっきりさわやか～な毎日を過ごせます。
パトカーを見るとドキッとするように、やましいことがあると挙動不審になります。

学童で「ハムちゃんの絵がついたえんぴつがない」と探してる子がいたのね。「テーブルの下かな」「ノートに挟まってないかな」と数人で探していると、そばにいた女の子が「私じゃないから」ってぶんぶん手を振るのよ。

「落としたと思って探してるのに、おかしいな」

気になって、その子の筆箱を見せてもらうと……。やっぱり！　ハムちゃんえんぴつが入っていました。


許されるのは「クリスマスにサンタさんが来るよ」などの White lie（優しいうそ）やユーモアです。家庭科試験の「これは何織りですか」という織図に「吉田さおり」と書いた君のセンスはなかなかのものでした。

格言で言うところの「品行方正」。

宝塚で言うところの「清く正しく美しく」。

たい焼き屋の張り紙にある「しっぽまであんこ入ってます」。

これらは深読みすると、人が見ていないところでも正しくあれってことです。

母ちゃんは若い頃「そんな神様みたいなこと、できるかいな」と思っていました。
けれど今ならわかります。結局それは自分のためなんだって。なぜなら行動を正すと気持ちが整い、結果自分が晴れ晴れいられるからです。

人にも自分にもうそをつかないで。
だまされてもだますな。
裏切られても裏切るな。
君はしゃんと胸張って、正々堂々おてんとうさまの下を歩くんだよ。

正直を、まっすぐ

ブーメランの法則

応援すれば、応援される

人の心に灯りをともせ

「人の心に灯りをともす人間になりなさい」

これは母ちゃんの高校の卒業式に、担任の先生がくれた「贈る言葉」です。


生きていると、いろんな迷いや分かれ道があるでしょう？

進学するか、就職するか。都会に出るか、地元に残るか。ラーメンにするか、牛丼にするか。迷ってばっかりです。

やるか、やらないか。やっていいのか、否か。そんなとき、母ちゃんは自分に問いかけます。

「このことは、人の心に灯りをともせるかな」って。


自宅で子育てサロンを開く際もそうでした。

自分の家を開放するってどうよ、そんなところにお客さんなんて来るのかな、第一そんな場が必要とされるの？　グチグチ考えて一向に答えが出ません。

そこで自分に尋ねました。

「これからやろうとしているサロンは、人の心に灯りをともせるか」って。

答えは「ＹＥＳ！」。

問いかけで真っ先に浮かんだのは、お母さんたちの笑顔でした。

毎日一人で子育てしているお母さんが、赤ちゃんと来てホッとしている顔。

お茶飲んでおしゃべりして、「また明日からがんばろう」って帰っていく顔。

笑顔は心に灯りがともった証拠。それで「よし、やる！」と決めたのでした。

やってみたら大正解！　駐車場が足りないほど毎日たくさんのお母さんが訪れました。そうして、こう言うのです。

「久しぶりに話したら口がうまく回らない」

「こんなに笑ったの、いつぶりだろう！」って。

そんな言葉を聞くにつけ「開いてよかったな」と感じました。

その後常連さんも、「お手伝いさせてください」と子どもの相手をしに来てくれる人もできました。老人施設のおばあちゃんがかき氷を作りに来てくれ、大工さんがプランター作り教室を開いてくれたりもしました。

それでわかったことがあります。

それは「誰かを応援すると、自分も応援される」ってことです。

若い頃母ちゃんね、人を元気づけようとか何かしてあげようとか、そんな「人のため」っていう視点がスポンと抜けてたの。それを与えてくれたのは、まぎれもなく先生のあの言葉です。

応援したく「ない」のは、自分のためだけを考える人。

応援したく「なる」のは、誰かのためを考える人。

君を快く送り出せるのは「釣り行ってくる」よりも、「夕飯のおかず釣ってくる」と言われたときです。おまけがついてる雑誌は手が伸びるし、家族写真を撮ってもらうのはシミを修正してくれる写真館です。何かしらこちらに気を配ってもらえると、リピートやサポートしようって気になるんだよね。


そうそう母ちゃんが小学生のとき、近所の集会所で集まりがあったのね。大人は宴会で、子どもは納戸で怖い話大会。「黒猫が目の前を横切ると死ぬ」とか、「あの曲がり角で口裂け女に追いかけられた」とかさ。心霊写真集持参の子もいてトイレに行けなくなっちゃったのよ、ぼっとん便所の中から手が出てきそうで。そしたら急にガタン！　音がして真っ暗になったのね。ちびりそうになって、さすがにトイレに行かなきゃとふすまを開けると。

ぼわ～ん……暗黒の中に、青白い顔の老婆が浮いていたのよ！

「ぎえええええ～～～！」

どうやらブレーカーが落ちて、よそのばあちゃんがロウソクに火をつけて持ってきてくれたみたい。あれで半分出ちゃったわ。


君も迷ったときは問いかけて。

「これは人の心に灯りをともせるか」「笑顔にできるか」と。

それが君の行く道を、ぼわ～んと照らし出してくれます。

灯りは心に、顔じゃなく

一番の親孝行は親より長く生きること

先に死んではいけません

命を大切にしてください。

自分の命も、他人の命も、です。

これは世の母親すべてが願っていることです。全員に聞いてはいませんが、確信があります。なぜなら生命を生み出すのは、女である母ちゃんたちだからです。

「出産は鼻からスイカを出すくらい痛い」と言われます。

そんなの想像できますか？　母ちゃんはできません。

そんな苦痛を乗り越えて生まれた君。ようやく会えた顔を眺《なが》め、意識もうろうとしながらも深く深く感じ入りました。

「踏まれたおにぎりみたい」。産道狭かったですか？

それでも「生きよう」と必死にお乳に吸い付く君が愛しくて、「この子を守る」と誓ったのでした。


仙台に実家のある知り合いが、震災の後こんな話をしてくれました。

「小さな子どもが二人いる友人がいてね、震災のとき大変だったんだって」

その「大変」は母ちゃんの想像を絶するものでした。

その友人の住む借家は海から距離がありました。津波情報は耳にしたものの、ここまで来ないだろうと、子どもたちと家にとどまっていたそうです。

ところがです。自然は予想を超えました。津波は達し、勢い借家は壊れて水に浮いた状態に。母子三人がいる2階にも海水が入り込みました。

「ここにいたら、水でやられる！」

そう判断した彼女は、子どもたちを抱え、屋根に這いあがりました。

ざぶ〜ん、ざぶ〜ん、そこにも波がかかります。大人であれば踏んばることもできるでしょう。ですが子どもはすべり落ちるかもしれません。まして小さな体に波をかぶり続けたら体温はどんどんうばわれます。それは彼女も百も承知のこと。ですが、二人を抱き続ける体力はありません。

そこでどうしたか？

彼女は右手に一人、左手に一人を抱え、波が来るたび腕を左右交互に上げ下げし一人ずつ波を避け続けたのです。屋根の上で漂流しながら、一晩中、ずっと。

暗幕のような闇の中、どんなにか心細かったでしょう。

朝日がさすのが、どんなにか待ち遠しかったでしょう。

どれくらいたったでしょうか。闇が白んできた頃、ごつん！　三人を乗せた屋根は何かにぶつかって止まりました。よその家です。するとその家の2階の窓ががらりと開きました。中にいたのは見ず知らずの老夫婦。その方たちが中に招き入れてくれ、母子三人ようやく命をとりとめました。

「おじいちゃんとおばあちゃんが自分たちの服を貸してくれてね。水浸しの服を脱いで、それに着替えたの。その服、二人のにおいが染みついていてね。それ嗅いだら『あ〜、私たち生きてるんだ〜』って急に涙があふれてきた」

そう言って彼女は、体温を確かめるようにしみじみと子どもたちの頬をなでたそうです。

これを聞いて母ちゃんは、命を守ろうとする母親の執念を感じました。

どうしてもこの子を生かしたい。

小さくとも大きい、命の炎をつなぎたい。

その一心で真っ黒な津波に立ち向かった女の、燃えたぎる思いを。

一生、生き抜け！

君の命は貴いんです。

そうして誰の命も、まぎれもなく貴い。

一番の親孝行を知ってる？　それは、親より長生きすることです。

親より先に逝ってはいけません、絶対に。

もしも……。もしもだよ。もう死んじゃいたいと思ったら、母ちゃんを思い浮かべて。お乳を吸う君を、愛おしく見つめる母ちゃんを。

命とはありがたいもの、大切にすれば死ぬまでもちます。

母ちゃんからの一番の贈り物なんだからさ、尽きるまで大事にしてね。

指切りげんまん！

おわりに

息子が小さい頃から一貫して感じていることがあります。それは、

「男ってわからん！」

高いところに登る。晩秋なのにTシャツ登校。長い棒LOVE。意味不明です。

「そのうち理解できるかな」

そんな期待はどこへやら。パンツ一丁でこたつでくつろぐ君が、やっぱり不思議でなりません。


ばあちゃんも、50過ぎた自分の息子を「わからん」と言います。

母ちゃんも、シャツをパンツにインする父をいまだ飲みこめません。

それで悟りました、「男は一生わからない！」と。地蔵の境地です。

そんな相手に何を話したところで、聞いてるかどうか測定不能です。

けれど聞いてる保証もない代わり、聞いていない保証もありません。

君もいつか誰かに言われて残っていることがあるでしょう。普段は忘れていても、何かの拍子にパッと浮かぶ言葉が。

「はき物をそろえると心もそろう」とか。

「霊きゅう車を見たら親指かくせ」とか。

何がヒットするかは相手次第。そして、言った分だけ残る確率が増えます。宝くじだって、当たるのは買った人だけだしね。


だから、話そう。

だから、伝えよう。

そばにいられる今のうち。


空気みたいに当たり前だった、君との生活。階段をだだだっと駆け下りる音。裏返しでポイ捨てされた靴下。歳と共に低音になる「ただいま」や「おやすみ」の声。そんな毎日が永遠に続く気がしました。

ですが、違いました。

幼い頃、母ちゃんの耳たぶをもみもみしないと眠れなかった君は、高校の卒業証書を受け取った3週間後、家を離れました。

よく晴れた日だったたね。青い空にロールパンみたいな雲がぽこぽこ浮いててさ。車で送る途中、たいしたことも話せずに「ここにコンビニがあるね」とか「銀行はここだ」とかそんなことばっかり。寮が近づくと、もうちょっとこの時間が続いてほしくて、気づかれないようアクセルを踏む足を緩《ゆる》めたっけ。

なのに到着。短いさよなら。

「元気でね」

「うん……ありがと」

自分の足で歩き出す後ろ姿を見送りながら、涙と共にこぼれた想い。それは。

――家族で暮らした日々は、なんとかけがえのないものだったんだろう――。

五体満足に。優しい子に。みんなから好かれる子に。

誰の命も大切に。才能は正しく使え。日の中を歩け。

生まれる前からいろんなことを願ったはずが、大事なことは案外伝えていませんでした。18年もそばにいたのにね。

そんな私が、同業の母ちゃんであるあなたに言えるのはたったひとつ。

「対・画面より、対・顔面」

そばにいるうち、なるたけ顔見て、たくさん言葉を交わしてください。

あなたの想いは必ずや息子さんのどこかに宿ります。

だって、あなたの子ですから！

最後に、この本の制作にご尽力くださった青春出版社の手島智子さん、イラストレーターの玉村幸子さん、出版プロデューサーの堀内伸浩さんに心から感謝申し上げます。

ありがとうございました。

２０２０年2月大吉日　若松亜紀

著者紹介

若松亜紀　秋田県は、小京都角館や乳頭温泉で有名な仙北市生まれ。子どもの頃から「子どもが大好き！」。大学卒業後、７年間幼稚園に勤務するも、閉園により退職。その後、出産・子育ての経験から、2005年、自宅を開放し「親子の集いの場・陽だまりサロン」をオープンさせる。2019年、秋田県児童会館「みらいあ」副館長に就任。著書に『これだけで子どもが変わる魔法のひと言』（学陽書房）、佐々木正美先生との共著『ほめ方・叱り方・しつけ方に悩んだら読む本』（ＰＨＰ）等がある。直接会えないお母さんには本や講演で元気を届けたいと、日々「親も子も笑顔に！」をモットーに活動中。一姫二太郎の母。本書は、親元を離れる息子に今まで伝えきれなかったことをまとめた一冊。子育て中の人に参考になるメッセージが詰まっています。

巣立《すだ》っていく君《きみ》へ　母《はは》から息子《むすこ》への50の手紙《てがみ》

2020年３月25日　第１刷

著　　者　若《わか》松《まつ》亜《あ》紀《き》
発 行 者　小澤源太郎

責任編集　株式会社 プライム涌光
電話　編集部　03(3203)2850

発 行 所　株式会社 青春出版社
東京都新宿区若松町12番１号 〒162-0056
振替番号　00190-7-98602
電話　営業部　03(3207)1916

印　刷　共同印刷　　製　本　大口製本

万一、落丁、乱丁がありました節は、お取りかえします。

ISBN978-4-413-23152-7 C0095